2021—2035年国家古籍工作规划重点出版项目

国家"十四五"少数民族语言文字出版规划项目

民族文字出版专项资金资助项目

贵州出版集团有限公司出版专项资金资助项目

编委会

主　　编：莫春开
副 主 编：王之刚　徐东秀　韦绍武　蒙景村
成　　员：韦世方　潘政波　陆常谦　韦仕钊　韦仕凯
　　　　　杨胜昭
执行主编：韦绍武
编　　务：莫海欧　潘洪富　李明惠　丁　妮

贵州国家级珍贵民族古籍译注丛书

水书
引腊备要卷

三都水族自治县档案馆 编
三都水族自治县水书抢救暨水书申报世界记忆遗产办公室 韦仕钊 译注

贵州出版集团
贵州民族出版社

图书在版编目（CIP）数据

水书.引腊备要卷：水文、汉文／三都水族自治县档案馆编；三都水族自治县水书抢救暨水书申报世界记忆遗产办公室，韦仕钊译注．－－贵阳：贵州民族出版社，2024.1

（贵州国家级珍贵民族古籍译注丛书）

ISBN 978-7-5412-2828-5

Ⅰ.①水… Ⅱ.①三…②三…③韦… Ⅲ.①水书－古籍－汇编－水、汉 Ⅳ.① K286.9

中国国家版本馆 CIP 数据核字 (2023) 第 214283 号

贵州国家级珍贵民族古籍译注丛书

水书·引腊备要卷

三都水族自治县档案馆　编
三都水族自治县水书抢救暨水书申报世界记忆遗产办公室、韦仕钊　译注

出版发行	贵州民族出版社
地　　址	贵阳市观山湖区会展东路贵州出版集团大楼
邮　　编	550081
印　　刷	浙江海虹彩色印务有限公司
开　　本	787 mm × 1092 mm　1/16
版　　次	2024年1月第1版
印　　次	2024年1月第1次印刷
印　　张	26.75
字　　数	350千字
书　　号	ISBN 978-7-5412-2828-5
定　　价	190.00元

前　言

水族是中华民族大家庭中的一员。历史上水族自称"睢"，中华人民共和国成立后，1956年正式确定名称为"水族"。据全国第七次人口普查数据，水族有49.5万人，其中90%以上生活在贵州省三都水族自治县、荔波县、独山县等地，此外，在广西壮族自治区河池市以及云南省富源县也有部分水族居住。在数千年的历史长河中，水族人民以群体智慧创造了丰富多彩、特色鲜明、博大精深的文化，其中最具代表性的就是水书。

水书，是水族用其独有的文字书写的文化典籍，是水族人民集体智慧的结晶。其记载有水族古代的天文、地理、宗教、民俗、伦理、哲学等文化信息，内容博大精深，是水族的百科全书和精神信仰，它为水族人民的生产生活习俗和文化传统的延续提供了内在动力。

一、水书具有重要的文字学研究价值

水书文字由三类组成：一是图画文字，二是象形文字，三是仿汉字。其是一种表意的文字，造字方法丰富多样，主要有象形、指事、会意、假借等。水书文字常用字约500字，加上异体字，则有2000多字。

关于水书的记载，最早见于汉文文献的是清代咸丰十年的莫友芝著的《红崖古刻歌》："吾独山土著有水家一种。其师师相传，有医、历二书，云自三代。舍弟祥芝曾录得其六十纳音一篇。甲子、乙丑金作，丙寅、丁卯火作，戊辰、己巳木作。且云其初本皆从竹简过录，其声读迥与今异，而多含古音，核其字画，疑斯篆前最简古文也。"

二十世纪二三十年代，《贵州通志》《都匀县志稿》《三合县志略》等地方志开始有文字对水书进行介绍。《都匀县志稿》在"夷文"条中写道："大氐古篆之遗，第相日久，寝多讹失耳。"同时列出了56个水书文字符号及汉字意译。后来，日本著名语言学家西田龙雄教授的《水文字历的释义》字例援引自《都匀县志稿》。《贵州通志·土民志》除沿用《都匀县志稿》对水书的评说之外，还列举104个水书字符，附注汉意译。胡羽高在1930年石印本《三合县志略》"民族"条云："今日贵州全省除大定有夷文外，土著中则唯有水家有文字，其余苗、瑶、仡佬之属则无之。而水家文字中，除天干地支及象形文字外，居然有文、武、辅、弼、廉、贪等字"，"其文类似古籀小篆。"之后，岑家梧、张为纲等学者也对水书开展了研究，有相关成果发表。

此外，从水书借用汉字的数量以及仿照汉字造字的手法来看，水书的产生，当与汉字有着密切的关系，反映了水族在古代与其他民族在文化上的交往交流交融。

二、水书保存了珍贵的水族天文历法和气象资料

水书中二十八宿的划分，是水族先民在天文知识方面所取得的重大成就，体现了水族先民的聪明才智。水族二十八宿是用自然界中的动物或人们想象的动物以及无生命物质来记述。水族二十八宿名称分别是蛟、龙、兔、日、虎、豹、蟹、牛、蝙蝠、鼠、燕、猪、鱼、螺、狗、雉、鸡、乌鸦、猴、獭、鹅、鬼（羊）、蜂、马、蜘蛛、蛇、蚯蚓。二十八宿的划分，为水族先民比较科学地观测日月木火土金水的运行情况提供了极大的方便。水族先民还用二十八宿与东、北、西、南、木、火、土、金、水以及十二地支配成方位图。

水书还记述了水族先民的"八卦九星""一坎二方坤，三震四巽同，五中六乾位，七兑八艮九离变。""甲乙贪九子，忌去廉九子，乙庚巨八白，忌去武八白，丙辛禄七赤，忌去破七赤，丁壬文六白，忌去辅六白，戊癸廉五黄，忌去弼五黄。"

水书中的水历，以阴历八月即水稻收割季节为年终，以适种小季作物之阴历九月为正月。即水历建月于戌。古人治历，非常重视历元。《后汉书·律历志》有言："建历之本，必行历元，元正然后定日法。"水历亦非常重视历元，它把六十甲子与二十八宿、日月木火土金水相配以纪元。每六十甲子为一元，共分七元。第一元、二元、三元、四元、五元、六元、七元的甲子分别对应鼠宿——日星、螺宿——金星、乌鸦宿——水星、鬼（羊）宿——月星、蛇宿——土星、狢宿——木星、豹宿——火星。

水历吸收了阴历之大建、小建，全年十二个月中有大月、小月之分，大月三十天，小月二十九天。一般一年为三百五十四日，比一回归年短十一天多，于是又采用阴历十九年置七闰法，闰月置于水历九月之后、十月之前。水历一年分"盛"（相当于春季，包括水历五、六、七月）、"桠"（相当于夏季，包括水历八、九、十月）、"旭"（相当于秋季，包括水历十一、十二、一月）、"冻"（相当于冬季，包括水历二、三、四月）四季。

水书还记述了水族先民关于气象预报方面带规律性的知识。水族在每年阴历八至十月欢度隆重的传统佳节——端节，端节分七批次择戌、亥日或巳、午日举行。《水书》认为，水族端节各批次亥（午）日的气候状况对来年农业生产有直接利弊关系，比如，第一批端节亥日有雨，则来年春雨充足，不愁撒秧水；第二批端节亥日有雨，预示来年夏雨充沛，不缺栽秧水；第三批端节亥日有雨，亦主来年春雨充足；第四批端节午日有雨，来年易发生灾病，人畜遭瘟疫，庄稼受虫害；第七批端节亥日有雨，预兆来年秋雨绵绵，冬有淫雨，不利于种植小季作物，稻草也腐烂。

三、水书对研究水族社会历史、哲学思想具有重要的文献价值

历史上，汉文献对水族社会历史的记载甚少。但是水书为我们研究水族源流、社会状况提供珍贵的文献资料。比如，《水书》之《天烟条》："正五九遇牛打虎，二六十在狗和猪，三七十一猿狼焦，四八十二龙蛇煞，天烟放膏鸟不站，天烟钓鱼鱼不吃，天烟放刺把修竹壕挡口舌祸患，天烟修仓房建禾棚老鼠偏不到。""正五九""二六十""三七十一""四八十二"俱为水历月份名称，"牛""虎""狗""猪""猿""狼""龙""蛇"等均是水族二十八宿中的八个星宿名称。《天烟条》反映了水族先民由渔猎经济向定居的农业生活过渡阶段的历史；与此同时，也体现了远古时代水族氏族部落之间因为常有战事，故而加紧修筑防御工事的历史。此外，《水书》中的《六朵条》《夫狼条》《姑又条》等反映了上古之时水族先民曾遭瘟疫危害，人丁死亡惨重的状况。

从1986年起，三都水族自治县就把水书保护和抢救列入民族文字档案管理工作，组织相关人员到水族地区走访水书先生，开展水书民卷本和水书相关内容的调查，掌握第一手资料，并向上级档案部门作专题报告。1987年，国家档案局支持三都水族自治县档案局（馆）专项经费，用于水书的征集抢救工作，开创了水书抢救与保护工作的先河。1995年，世界档案大会在北京召开，三都水族自治县档案局（馆）与贵州省档案局（馆）、贵州电视台联合在三都拍摄水书专题片《没有句号的档案》参会，该专题片在大会期间进行宣传播放，水书得到了国内外专家学者的关注。2002年3月8日，经"中国档案文献遗产工程"国家咨询委员会审定，《贵州"水书"文献》入选首批《中国档案文献遗产名录》。2006年6月，"水书习俗"被列入首批《国家级非物质文化遗产名录》。截至2020年底，在三都水族自治县档案馆收藏的水书中，有28册列入《国家珍贵古籍名录》。2022年11月，"贵州省水书文献"入选《世界记忆遗产亚太地区名录》。

　　《引腊备要卷》是水书中的重要卷本，其内容涉及水族古代天文历法、民俗等，对研究水族古代的文化具有重要的文献价值。全书分为"原件影印"和"内容译注"两部分，在译注上采取水书原文、国际音标、原文直译、意译相对照的体例。

译者
2022年10月

目 录

第一部分　原件影印…………………………………………（1）

第二部分　内容译注…………………………………………（59）

　　五行引腊……………………………………………………（61）

　　六宫掌引腊…………………………………………………（63）

　　流年六宫掌引腊……………………………………………（68）

　　十二地支年引腊……………………………………………（70）

　　六十年引腊（一）…………………………………………（86）

　　六十年引腊（二）…………………………………………（146）

　　三合年引腊（一）…………………………………………（282）

　　三合年引腊（二）…………………………………………（285）

　　三合年引腊（三）…………………………………………（288）

　　引腊日方……………………………………………………（291）

　　官印（一）…………………………………………………（301）

　　官印（二）…………………………………………………（303）

　　六十年官印…………………………………………………（307）

　　九高（一）…………………………………………………（325）

　　九高（二）…………………………………………………（331）

姑底九高（一）	（335）
姑底九高（二）	（339）
壬辰	（342）
富癸和六八	（386）
十天干年吉日	（392）
富癸	（396）
三合年纪元日	（398）
十二地支年	（400）
定道（一）	（408）
定道（二）	（410）
定道（三）	（412）
地转（一）	（414）
地转（二）	（416）

第一部分

原件影印

水书
引腊备要卷

水书
引腊备要卷

4

水书

引腊备要卷

5

水书
引腊备要卷

水书

引腊备要卷

水书 引腊备要卷

水书
引腊备要卷

水书

引腊备要卷

水书
引腊备要卷

水书

引腊备要卷

水书

引腊备要卷

13

水书

引腊备要卷

14

水书

引腊备要卷

水书 引腊备要卷

水书
引腊备要卷

水书
引腊备要卷

18

水书

引腊备要卷

19

水书 引腊备要卷

20

水书 引腊备要卷

水书 引腊备要卷

水书
引腊备要卷

23

水书
引腊备要卷

水书
引腊备要卷

水书 引腊备要卷

水书 引腊备要卷

水书 引腊备要卷

水书

引腊备要卷

水书
引腊备要卷

水书

引腊备要卷

31

水书
引腊备要卷

32

水书
引腊备要卷

水书 引腊备要卷

水书
引腊备要卷

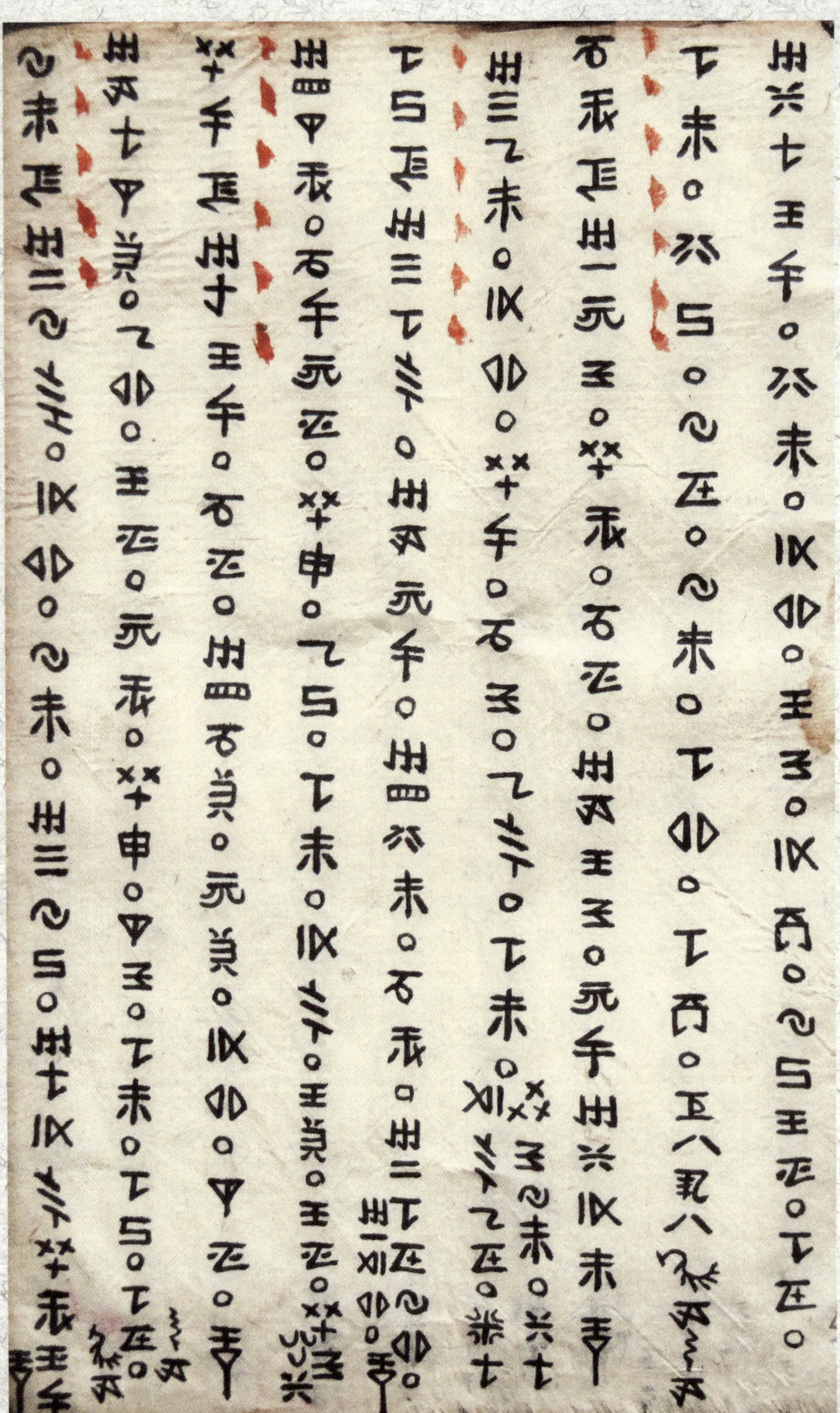

水书 引腊备要卷

水书
引腊备要卷

38

水书
引腊备要卷

水书 引腊备要卷

水书
引腊备要卷

水书 引腊备要卷

水书

引腊备要卷

43

水书
引腊备要卷

44

水书

引腊备要卷

45

水书 引腊备要卷

水书
引腊备要卷

水书 引腊备要卷

水书
引腊备要卷

水书
引腊备要卷

50

水书 引腊备要卷

水书 引腊备要卷

52

水书 引腊备要卷

水书 引腊备要卷

水书 引腊备要卷

水书 引腊备要卷

水书
引腊备要卷

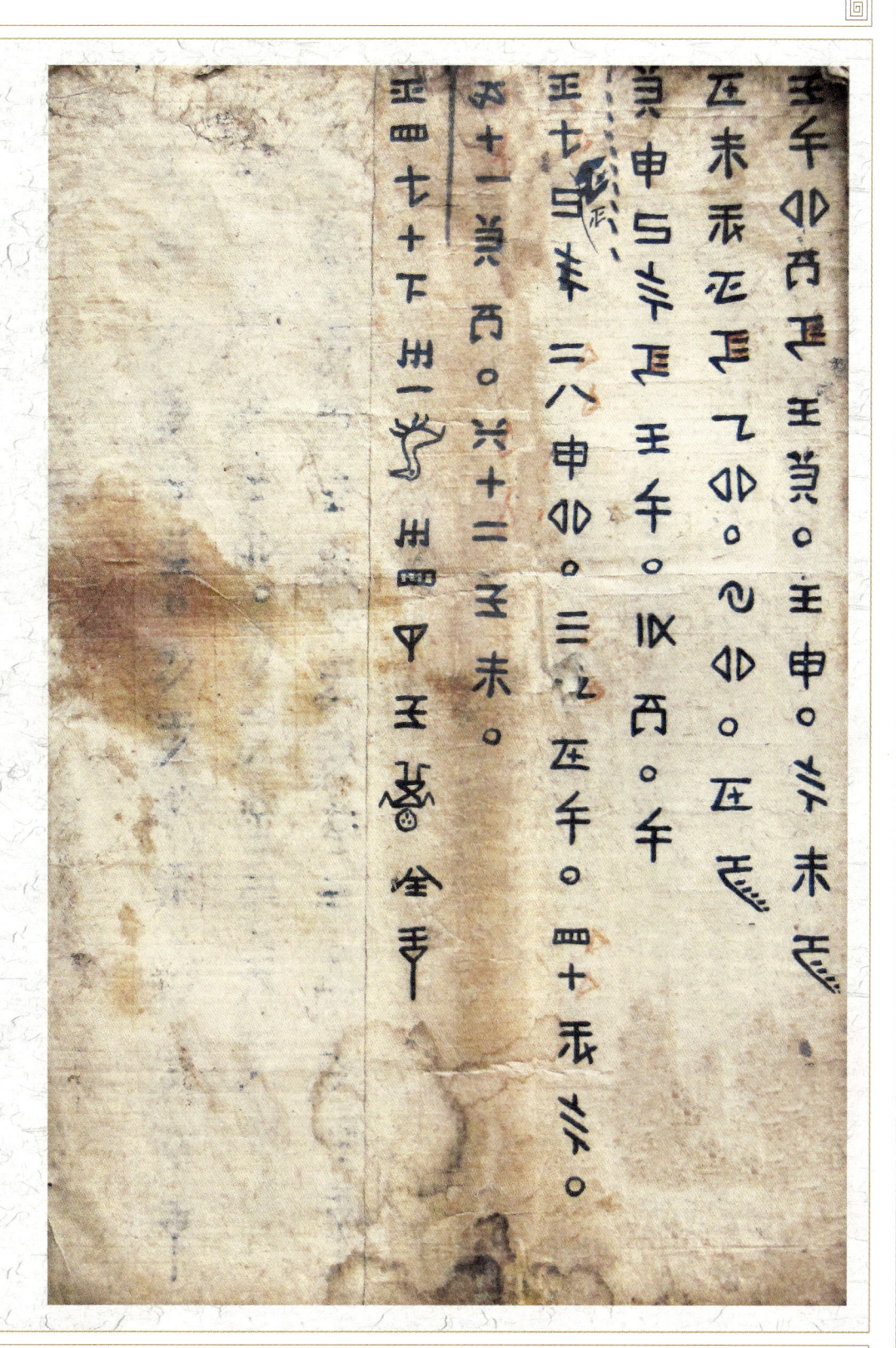

第二部分

内容译注

五行引腊[1]

sup⁸　ɲi²　tum¹　hi³　qhui¹mok⁸la:ŋ²　sup⁸　ɲi²　sui³　hi³　pjət⁷ɲot⁷ʔu¹
十　二　金　子　奎木狼　　十　二　水　子　毕月乌

十二年五行属金之年，二十八宿从子年起奎木狼。十二年五行属水之年，二十八宿从子年起毕月乌。

sup⁸　ɲi²　mok⁸　hi³　ŋa²nət⁸thu⁵　sup⁸　ɲi²　fa³　hi³　ni⁴fa³hu³　tət⁷
十　二　木　子　房日兔　十　二　火　子　尾火虎　吉

十二年五行属木之年，二十八宿从子年起房日兔。十二年五行属火之年，二十八宿从子年起尾火虎，吉。

sup⁸　ɲi²　thu³　hi³　jət⁸fa³sje²　tət⁷
十　二　土　子　翼火蛇　吉

十二年五行属土之年，二十八宿从子年起翼火蛇，吉。

篇章意译

  十二年五行属金之年,二十八宿从子年起奎木狼。
  十二年五行属水之年,二十八宿从子年起毕月乌。
  十二年五行属木之年,二十八宿从子年起房日兔。
  十二年五行属火之年,二十八宿从子年起尾火虎,吉。
  十二年五行属土之年,二十八宿从子年起翼火蛇,吉。

注释

  [1]此章为水书先生根据生年五行或太岁年五行配二十八宿的规律进行推演。

六宫掌引腊

ta:i² fa³ pho⁵ tsjeŋ¹ ɕət⁷ hi³ ŋo² van¹ tha:m¹
大　　火　　破[1]　正　　七　　子　　午　　日　　贪[2]

大火破军宫，正月、七月子日、午日值贪狼星。

hi³ ŋo² si²
子　　午　　时

子时、午时为引腊时。

ɕeu³ fa³ tu² ɲi² pa:t⁸ su³ mi² van¹ ju²
小　　火　　巨[3]　二　　八　　丑　　未　　日　　巨[4]

小火巨门宫，二月、八月丑日、未日值巨门星。

su³ mi² si²

丑　未　时

丑时、未时为引腊时。

ta:i² ȵum¹ fu⁴ ɕeu³ ȵum¹ ljok⁸ sup⁸ ȵi² hi⁴ ʁa:i³ van¹ fu⁴

大　金　武[5]　小　金　六　十　二　巳　亥　日　武[6]

大金武曲宫，六月、十二月巳日、亥日值武曲星。

hi⁴ ʁa:i³ si²

巳　亥　时

巳时、亥时为引腊时。

ɕeu³ ȵum¹ ljok⁸ hən² ha:m¹ tu³ ji² sən¹ van¹ ljok⁸

小　金　禄　存[7]　三　九　寅　申　日　禄[8]

小金禄存宫，三月、九月申日、寅日值禄存星。

ji² sən¹ si²

寅　申　时

寅时、申时为引腊时。

ta:i² sui³ tha:m¹ ŋo⁴ sup⁸ ʔjət⁷ sən² hət⁷ ljem² van¹

大　水　贪[9]　五　十　一　辰　戌　廉[10]　日

大水贪狼宫，五月、十一月辰日、戌日值廉贞星。

sən² hət⁷ si²

辰　戌　时

辰时、戌时为引腊时。

ɕeu³ sui³ ljem² hi⁵ sup⁸ ma:u⁴ ju⁴ fan² van¹

小　水　廉[10]　四　十　卯　酉　文[12]　日

小水廉贞宫，四月、十月卯日、酉日值文曲星。

ma:u⁴　ju⁴　si²
卯　　酉　　时

卯时、酉时为引腊时。

篇章意译

　　大火破军宫，正月、七月子日、午日值贪狼星，子时、午时为引腊时。

　　小火巨门宫，二月、八月丑日、未日值巨门星，丑时、未时为引腊时。

　　大金武曲宫，六月、十二月巳日、亥日值武曲星，巳时、亥时为引腊时。

　　小金禄存宫，三月、九月申日、寅日值禄存星，寅时、申时为引腊时。

　　大水贪狼宫，五月、十一月辰日、戌日值廉贞星，辰时、戌时为引腊时。

　　小水廉贞宫，四月、十月卯日、酉日值文曲星，卯时、酉时为引腊时。

注释

　　[1]大火破，水语音译，指大火破军宫，为水书流年六宫掌的第一宫。

　　[2]此处的"贪"指的是北斗九星中的"贪狼星"。

［3］小火巨，水语音译，指小火巨门宫，为水书流年六宫掌中的第二宫。

［4］此处的"巨"指的是北斗九星中的"巨门星"。

［5］大金武，水语音译，指大金武曲宫，为水书流年六宫掌中的第三宫。

［6］此处的"武"指的是北斗九星中的"武曲星"。

［7］小金禄存，水语音译，为水书流年六宫掌中的第四宫。

［8］此处的"禄"指的是北斗九星中的"禄存星"。

［9］大水贪，水语音译，指大水贪狼宫，为水书流年六宫掌中的第五宫。

［10］此处的"廉"指的是北斗九星中的"廉贞星"。

［11］小水廉，水语音译，指小水廉贞宫，为水书流年六宫掌中的第六宫。

［12］此处的"文"指的是北斗九星中的"文曲星"。

流年六宫掌引腊

正 四 七 十 上 大 水 贪 小 水 廉

tsjeŋ¹　hi⁵　ɕət⁷　sup⁸　sjeŋ²　ta:i²　sui³　tha:m¹　ɕeu³　sui³　ljem²

正　四　七　十　上　大　水　贪　小　水　廉

正月、四月、七月、十月，值流年六宫掌中的大水贪狼、小水廉贞两宫。

sən²　van¹　si²

辰　日　时

辰日辰时为引腊时。

二 五 八 十 一 大 金 武 小 金 禄

n̠i²　ŋo⁴　pa:t⁷　sup⁸　ʔjət⁷　ta:i²　tum¹　fu⁴　ɕeu³　tum¹　ljok⁸

二　五　八　十　一　大　金　武　小　金　禄

二月、五月、八月、十一月，值流年六宫掌中的大金武曲、小金禄存两宫。

ji² van¹ si²

寅　日　时

寅日寅时为引腊时。

ha:m¹　ljok⁸　tu³　sup⁸　ɲi²　ta:i²　fa³　pho⁵　ɕeu³　fa³　tu³

三　六　九　十　二　大　火　破　小　火　巨

三月、六月、九月、十二月，值流年六宫掌中的大火破军、小火巨门两宫。

ʁa:i³　van¹　si²

亥　日　时

亥日亥时为引腊时。

篇章意译

　　正月、四月、七月、十月，值流年六宫掌中的大水贪狼、小水廉贞两宫，辰日辰时为引腊时。

　　二月、五月、八月、十一月，值流年六宫掌中的大金武曲、小金禄存两宫，寅日寅时为引腊时。

　　三月、六月、九月、十二月，值流年六宫掌中的大火破军、小火巨门两宫，亥日亥时为引腊时。

十二地支年引腊

| hi¹ | ᵐbe¹ | tha:m¹ | tsjeŋ¹ | qeŋ¹ | hi³ | van¹ | ta:m¹ |
| 子 | 年 | 贪 | 正 | 庚 | 子 | 日[1] | 贪 |

子年值贪狼星。正月庚子日值贪狼星。

| su³ | ȶu² | ji² | ljok⁸ | ma:u⁴ | fan² | sən² | ljem² |
| 丑 | 巨 | 寅 | 禄 | 卯 | 文 | 辰 | 廉 |

辛丑日值巨门星，壬寅日值禄存星，癸卯日值文曲星，甲辰日值廉贞星。

| hi⁴ | fu⁴ | ŋo² | pho⁵ | mi² | pu² | sən¹ | pjət⁸ |
| 巳 | 武 | 午 | 破 | 未 | 辅 | 申 | 弼 |

乙巳日值武曲星，丙午日值破军星，丁未日值辅星，戊申日值弼星。

ju⁴　tha:m¹　hət⁷　ljem²　ʁa:i³　ljok⁸
酉　　贪　　戌　　廉　　亥　　禄

己酉日值贪狼星，庚戌日值廉贞星，辛亥日值禄存星。

su³　ᵐbe¹　ʈu²　n̻i²　ɕi¹　su³　ʈu²　van¹
丑　　年　　巨　　二　　己　　丑　　巨　　日[2]

丑年值巨门星。二月己丑日值巨门星。

ji²　ljok⁸　ma:u⁴　fan¹　sən²　fu²　hi⁴　pjət⁷
寅　　禄　　卯　　文　　辰　　辅　　巳　　弼

庚寅日值禄存星，辛卯日值文曲星，壬辰日值辅星，癸巳日值弼星。

ŋo²　pho⁵　mi²　ʈu²　sən¹　ljok⁸　ju⁴　fan²
午　　破　　未　　巨　　申　　禄　　酉　　文

甲午日值破军星，乙未日值巨门星，丙申日值禄存星，丁酉日值文曲星。

hət⁷　ljem²　ʁa:i³　fu⁴　hi³　pho⁵
戌　　廉　　亥　　辅　子　　破

戊戌日值廉贞星，己亥日值辅星，庚子日值破军星。

ji²　ᵐbe¹　ljok⁸　ha:m¹　ȵum²　ji²　ljok⁸
寅　　年　　禄　　三　　壬　　寅[3]　禄

寅年值禄存星。三月壬寅日值禄存星。

ma:u⁴　fan²　sən²　ljem²　hi⁴　fu⁴　ŋo²　pho⁵
卯　　文　　辰　　廉　　巳　　武　　午　　破

癸卯日值文曲星，甲辰日值廉贞星，乙巳日值武曲星，丙午日值破军星。

mi²　pu²　sən¹　pjət⁷　ju⁴　tha:m¹
未　　辅　　申　　弼　　酉　　贪

丁未日值辅星，戊申日值弼星，己酉日值贪狼星。

ma:u⁴ ᵐbe¹ fan² hi⁵ ʈi¹ ma:u⁴ fan²

卯　　年　　文　　四　　己　　卯[4]　文

卯年值文曲星。四月己卯日值文曲星。

sən² ljem² hi⁴ fu⁴ ŋo² pho⁵ mi² pu²

辰　　廉　　巳　　武　　午　　破　　未　　辅

庚辰日值廉贞星，辛巳日值武曲星，壬午日值破军星，癸未日值辅星。

sən¹ pjət⁷ ju⁴ ta:m¹ hət⁷ tu² ʁa:i³ ljok⁸

申　　弼　　酉　　贪　　戌　　巨　　亥　　禄

甲申日值弼星，乙酉日值贪狼星，丙戌日值巨门星，丁亥日值禄存星。

hi³ fan² su³ ljem² ji² fu⁴

子　　文　　丑　　廉　　寅　　武

戊子日值文曲星，己丑日值廉贞星，庚寅日值武曲星。

sən¹ ᵐbe¹ ljem² ŋo⁴ pjeŋ³ sən² ljem²
辰 年 廉 五 丙 辰[5] 廉

辰年值廉贞星。五月丙辰日值廉贞星。

hi⁴ fu⁴ ŋo² pho⁵ mi² pu²
巳 武 午 破 未 辅

丁巳日值武曲星，戊午日值破军星，己未日值辅星。

sən¹ pjət⁷ ju⁴ ta:m¹ hət⁷ tu² ʁa:i³ ljok⁸
申 弼 酉 贪 戌 巨 亥 禄

庚申日值弼星，辛酉日值贪狼星，壬戌日值巨门星，癸亥日值禄存星。

hi³ fan² su³ ljem² ji² fu⁴ ma:u⁴ pho⁵
子 文 丑 廉 寅 武 卯 破

甲子日值文曲星，乙丑日值廉贞星，丙寅日值武曲星，丁卯日值破军星。

hi⁴　ᵐbe¹　fu⁴　ljok⁸　ȶi¹　hi⁴　fu⁴
巳　　年　　武　　六　　己　　巳[6]　武

巳年值武曲星。六月己巳日值武曲星。

ŋo²　pho⁵　mi²　pu²　sən¹　pjət⁷　ju⁴　ta:m¹
午　　破　　未　　辅　　申　　弼　　酉　　贪

庚午日值破军星，辛未日值辅星，壬申日值弼星，癸酉日值贪狼星。

hət⁷　fu⁴　ʁa:i³　ljok⁸　hi³　fan²　su³　ljem²
戌　　武　　亥　　禄　　子　　文　　丑　　廉

甲戌日值武曲星，乙亥日值禄存星，丙子日值文曲星，丁丑日值廉贞星。

ji²　fu⁴　ma:u⁴　pho⁵　sən²　pu²
寅　　武　　卯　　破　　辰　　辅

戊寅日值武曲星，己卯日值破军星，庚辰日值辅星。

ŋo² ᵐbe¹ pho⁵ ɕət⁷ qeŋ¹ ŋo² pho⁵
午　年　破　七　庚　午[7] 破

午年值破军星。七月庚午日值破军星。

mi² pu² sən¹ pjət⁷ ju⁴ ta:m¹ hət⁷ tu²
未　辅　申　弼　酉　贪　戌　巨

辛未日值辅星，壬申日值弼星，癸酉日值贪狼星，甲戌日值巨门星。

ʁa:i³ ljok⁸ hi³ fan² su³ ljem² ji² fu⁴
亥　禄　子　文　丑　廉　寅　武

乙亥日值禄存星，丙子日值文曲星，丁丑日值廉贞星，戊寅日值武曲星。

ma:u⁴ pho⁵ sən² pu² hi⁴ pjət⁷
卯　破　辰　辅　巳　弼

己卯日值破军星，庚辰日值辅星，辛巳日值弼星。

mi² ᵐbe¹ tu² pu² pa:t⁷ ti² mi² pu²
未 年 巨 辅 八 己 未[8] 辅

未年值巨门星、辅星。八月己未日值辅星。

sən¹ pjət⁷ ju⁴ ta:m¹ hət⁷ tu² ʁa:i³ ljok⁸
申 弼 酉 贪 戌 巨 亥 禄

庚申日值弼星，辛酉日值贪狼星，壬戌日值巨门星，癸亥日值禄存星。

hi³ fan² su³ ljem² ji² fu⁴ ma:u⁴ pho⁵
子 文 丑 廉 寅 武 卯 破

甲子日值文曲星，乙丑日值廉贞星，丙寅日值武曲星，丁卯日值破军星。

sən² pu² hi⁴ pjət⁷ ŋo² ta:m¹
辰 辅 巳 弼 午 贪

戊辰日值辅星，己巳日值弼星，庚午日值贪狼星。

sən¹ ᵐbe¹ ljem² ʈu³ ȵum² sən¹ ljem²
申　　年　　廉　　九　　壬　　申[9]　廉

申年值廉贞星。九月壬申日值廉贞星。

ju⁴ fu⁴ hət⁷ ʈu² ʁa:i³ pu² hi³ pjət⁷
酉　武　戌　巨　亥　辅　子　弼

癸酉日值武曲星，甲戌日值巨门星，乙亥日值辅星，丙子日值弼星。

su³ ta:m¹ ji² ʈu² ma:u⁴ pho⁵ sən² ljem²
丑　贪　寅　巨　卯　破　辰　廉

丁丑日值贪狼星，戊寅日值巨门星，己卯日值破军星，庚辰日值廉贞星。

hi⁴ fu⁴ ŋo² pho⁵ mi² pu²
巳　武　午　破　未　辅

辛巳日值武曲星，壬午日值破军星，癸未日值辅星。

ju⁴ ᵐbe¹ ta:m¹ sup⁸ ȶi² ju⁴ ta:m¹

酉　年　贪　十　己　酉[10]　贪

酉年值贪狼星。十月己酉日值贪狼星。

hət⁷　ȶu²　ʁa:i³　ljok⁸　hi³　fan²　su³　ljem²

戌　巨　亥　禄　子　文　丑　廉

庚戌日值巨门星，辛亥日值禄存星，壬子日值文曲星，癸丑日值廉贞星。

ji²　fu⁴　ma:u⁴　pho⁵　sən²　pu²

寅　武　卯　破　辰　辅

戊寅日值武曲星，己卯日值破军星，庚辰日值辅星。

hi⁴　pjət⁷　ŋo²　ljem²　mi²　ȶu²　sən¹　ljok⁸

巳　弼　午　贪　未　巨　申　禄

辛巳日值弼星，壬午日值贪狼星，癸未日值巨门星，庚申日值禄存星。

hət⁷　ᵐbe¹　ljem²　ɬu²　sup⁸　ʔjət⁷　qeŋ¹　hət⁷　ljem²　ɬu²
戌　　年　　廉　　巨　　十　　一　　庚　　戌[11]　廉　　巨

戌年值廉贞星、巨门星，十一月庚戌日值廉贞星、巨门星。

ʁa:i³　ljok⁸　hi³　fan²　su³　ljem²
亥　　　禄　　子　　文　　丑　　廉

辛亥日值禄存星，壬子日值文曲星，癸丑日值廉贞星。

ji²　fu⁴　ma:u⁴　pho⁵　sən²　pu²　hi⁴　pjət⁷
寅　　武　　卯　　　破　　辰　　辅　　巳　　弼

甲寅日值武曲星，乙卯日值破军星，丙辰日值辅星，丁巳日值弼星。

ŋo²　ljem²　mi¹　ɬu²　sən¹　ljok⁸　ju⁴　pho⁵
午　　贪　　未　　巨　　申　　禄　　酉　　破

戊午日值贪狼星，己未日值巨门星，庚申日值禄存星，辛酉日值破军星。

ʁa:i³　ᵐbe¹　ljok⁸　sup⁸　ɲi²　tɕi¹　ʁa:i³　ljok⁸
亥　　年　　禄　　十　　二　　己　　亥[12]　禄

亥年值禄存星。十二月己亥日值禄存星。

hi³　fan²　su³　ljem²　ji²　fu⁴　ma:u⁴　pho⁵
子　　文　　丑　　廉　　寅　　武　　卯　　破

庚子日值文曲星，辛丑日值廉贞星，壬寅日值武曲星，癸卯日值破军星。

sən²　pu²　hi⁴　pjət⁷　ŋo²　ta:m¹　mi²　tu²
辰　　辅　　巳　　弼　　午　　贪　　未　　巨

甲辰日值辅星，乙巳日值弼星，丙午日值贪狼星，丁未日值巨门星。

sən¹　ljok⁸　ju⁴　fan²　hət⁷　ljem²
申　　禄　　酉　　文　　戌　　廉

戊申日值禄存星，己酉日值文曲星，庚戌日值廉贞星。

篇章意译

　　子年值贪狼星。正月庚子日值贪狼星，辛丑日值巨门星，壬寅日值禄存星，癸卯日值文曲星，甲辰日值廉贞星，乙巳日值武曲星，丙午日值破军星，丁未日值辅星，戊申日值弼星，己酉日值贪狼星，庚戌日值廉贞星，辛亥日值禄存星。

　　丑年值巨门星。二月己丑日值巨门星，庚寅日值禄存星，辛卯日值文曲星，壬辰日值辅星，癸巳日值弼星，甲午日值破军星，乙未日值巨门星，丙申日值禄存星，丁酉日值文曲星，戊戌日值廉贞星，己亥日值辅星，庚子日值破军星。

　　寅年值禄存星。三月壬寅日值禄存星，癸卯日值文曲星，甲辰日值廉贞星，乙巳日值武曲星，丙午日值破军星，丁未日值辅星，戊申日值弼星，己酉日值贪狼星。

　　卯年值文曲星。四月己卯日值文曲星，庚辰日值廉贞星，辛巳日值武曲星，壬午日值破军星，癸未日值辅星，甲申日值弼星星，乙酉日值贪狼星，丙戌日值巨门星，丁亥日值禄存星，戊子日值文曲星，己丑日值廉贞星，庚寅日值武曲星。

　　辰年值廉贞星。五月丙辰日值廉贞星，丁巳日值武曲星，戊午日值破军星，己未日值辅星，庚申日值弼星，辛酉日值贪狼星，壬戌日值巨门星，癸亥日值禄存星。甲子日值文曲星，乙丑日值廉贞星，丙寅日值武曲星，丁卯日值破军星。

　　巳年值武曲星。六月己巳日值武曲星，庚午日值破军星，辛未日值辅星，壬申日值弼星，癸酉日值贪狼星，甲戌日值武曲星，乙亥日值禄存星，丙子日值文曲星，丁丑日值廉贞星，戊寅日值武曲星，己卯日值破军星，庚辰日值辅星。

　　午年值破军星。七月庚午日值破军星，辛未日值辅星，壬申日值弼星，癸酉日值贪狼星，甲戌日值巨门星，乙亥日值禄存星，丙子日值文曲星，丁丑日值廉贞星，戊寅日值武曲星，己卯日值破军星，庚辰日值辅星，辛巳日值弼星。

未年值巨门星、辅星。八月己未日值辅星，庚申日值弼星，辛酉日值贪狼星，壬戌日值巨门星，癸亥日值禄存星，甲子日值文曲星，乙丑日值廉贞星，丙寅日值武曲星，丁卯日值破军星，戊辰日值辅星，己巳日值弼星，庚午日值贪狼星。

申年值廉贞星。九月壬申日值廉贞星，癸酉日值武曲星，甲戌日值巨门星，乙亥日值辅星，丙子日值弼星，丁丑日值贪狼星，戊寅日值巨门星，己卯日值破军星，庚辰日值廉贞星，辛巳日值武曲星，壬午日值破军星，癸未日值辅星。

酉年值贪狼星。十月己酉日值贪狼星，庚戌日值巨门星，辛亥日值禄存星，壬子日值文曲星，癸丑日值廉贞星，戊寅日值武曲星，己卯日值破军星，庚辰日值辅星，辛巳日值弼星，壬午日值贪狼星，癸未日值巨门星，庚申日值禄存星。

戌年值廉贞星、巨门星，十一月庚戌日值廉贞星、巨门星，辛亥日值禄存星，壬子日值文曲星，癸丑日值廉贞星，甲寅日值武曲星，乙卯日值破军星，丙辰日值辅星，丁巳日值弼星，戊午日值贪狼星，己未日值巨门星，庚申日值禄存星，辛酉日值破军星。

亥年值禄存星。十二月己亥日值禄存星，庚子日值文曲星，辛丑日值廉贞星，壬寅日值武曲星，癸卯日值破军星，甲辰日值辅星，乙巳日值弼星，丙午日值贪狼星，丁未日值巨门星，戊申日值禄存星，己酉日值文曲星，庚戌日值廉贞星。

注释

[1]子年正月的日子是从庚子日至辛亥日止。下文中辛丑日、壬寅日、癸卯日、甲辰日、乙巳日、丙午日、丁未日、戊申日、己酉日、庚戌日、辛亥日，原文均省写了第一个字，即天干字。

[2]丑年二月的日子是从己丑日至庚子日止。下文中庚寅日、辛卯日、壬辰日、癸巳日、甲午日等，原文均省写了第一个字，即天干字。

[3]寅年三月的日子从壬寅日至癸丑日止。下文癸卯日、甲辰日、乙巳日等，原文均省写了第一个字，即"癸""甲""乙"等天干字。

[4]卯年四月的日子从己卯日至庚寅日止。下文庚辰日、辛巳日、壬午日、癸未日等，原文均省写了第一个字，即"庚""辛""壬"等天干字。

[5]辰年五月的日子从丙辰日至丁卯日止。下文中丁巳日、戊午日、己未日等，原文均省写了第一个字，即"丁""戊""己"等天干字。

[6]巳年六月的日子从己巳日至庚辰日止。下文中庚午日、辛未日、壬申日等，原文均省写了第一个字，即"庚""辛""壬"等天干字。

[7]午年七月的日子从庚午日至辛巳日止。下文中辛未日、壬申日、癸酉日等，原文均省写了第一个字，即"辛""壬""癸"等天干字。

[8]未年八月的日子从己未日至庚午日止。下文中庚申日、辛酉日、壬戌日等，原文均省写了第一个字，即"庚""辛""壬"等天干字。

[9]申年九月的日子从壬申日至癸未日止。下文中癸酉日、甲戌

日、乙亥日等，原文均省写了第一个字，即"癸""甲""乙"等天干字。

［10］酉年十月的日子从己酉日到庚申日止。下文中庚戌日、辛亥日、壬子日等，原文均省写了第一个字，即"庚""辛""壬"等天干字。

［11］戌年十一月的日子从庚戌日到辛酉日止。下文中辛亥日、壬子日、癸丑日等，原文均省写了"辛""壬""癸"等天干字。

［12］亥年十二月的日子从己亥日至庚戌日止。下文中庚子日、辛丑日、壬寅日等，原文均省写了"庚""辛""壬"等天干字。

六十年引腊（一）

ȶa:p⁷　ȶi¹　fa:ŋ¹　beŋ³　ȵum²　sup⁸　ȵi²　fa³
甲　　己　　方　　丙　　壬　　十　　二　　火

甲方、己方、丙方、壬方为十二火。

ȶa:p⁷　hi³　ᵐbe¹　ti²　ʔjət⁷　ȵi²
甲　　子　　年　　第　　一　　二

甲子年第一元、第二元。

pjeŋ³　hi³　van¹　pjeŋ³　ji²　van¹　ȵum²　sən¹　van¹　ȵum²　ŋo²　van¹
丙　　子　　日　　丙　　寅　　日　　壬　　申　　日　　壬　　午　　日

丙子日、丙寅日、壬申日、壬午日。

pjeŋ³　hət⁷　van¹　ljok⁸　sup⁸　n̠i²　pu²　n̠i²
丙　　戌　　日　　六　　十　　二　　辅　　二

六月、十二月丙戌日值辅星二黑。

hi⁴　pjeŋ²　fa:ŋ¹　ʁa:i³　n̠um²　fa:ŋ¹　tu³
巳　　丙　　方　　亥　　壬　　方　　九

巳方、丙方、亥方、壬方为九火方。

pjeŋ³　hi³　ᵐbe¹　ʔjət⁷　ɕən¹　ljok⁸　sup⁸
丙　　子　　年　　乙　　辛　　六　　十

丙子年六月、十月乙方、辛方为引腊方。

ti²　ha:m¹　ʔjət⁷　mi¹　van¹　ɕən¹　ma:u⁴　van¹　n̠um²　sən²　van¹　fa:ŋ¹
第　　三　　乙　　未　　日　　辛　　卯　　日　　壬　　辰　　日　　方

第三元乙未日、辛卯日、壬辰日为引腊日，乙未方、辛卯方、壬辰方为引腊方。

qeŋ¹ sən¹ van¹ ɕən¹ su³ van¹ pu² ljok⁸ fan² ljok⁸
庚　申　日　辛　丑　日　辅　六　文　六

庚申日、辛丑日值辅星六白或文曲星六白。

ma:u⁴ ʔjət⁷ fa:ŋ¹ tu³ fa:ŋ¹
卯　　乙　　方　　九　方

卯方、乙方为九火方。

mu² hi³ ᵐbe¹ tjeŋ¹ ȵum²
戊　子　年　丁　壬

戊子年取天干丁、壬。

ti² ljok² ɕət⁷ tui⁵ ʁa:i³ van¹ tjeŋ¹ hi⁴ van¹ ȵum² ŋo² van¹
第　六　七　癸　亥　日　丁　巳　日　壬　午　日

第六元、第七元癸亥日、丁巳日、壬午日。

ʁa:i³　n̠um²　fa:ŋ¹　ŋo²　tjen¹　fa:ŋ¹　hi²　t̠ui⁵　fa:ŋ¹
亥　　壬　　方　　午　　丁　　方　　子　　癸　　方

亥方、壬方、午方、丁方、子方、癸方。

pjət⁷　ljem²　ŋo⁴　t̠u³
弼　　　廉　　 五　　九

值弼星五黄或廉贞星九黄。

qeŋ¹　hi³　ᵐbe¹　ti²　ljik⁸　çət⁷　t̠ui⁵　mi²　van¹
庚　　子　　年　　第　　六　　七　　癸　　未　　日

庚子年第六元、第七元癸未日。

tjen¹　ʁa:i³　van¹　n̠um²　ŋo²　van¹　tjen¹　hi⁴　van¹
丁　　亥　　日　　壬　　午　　日　　丁　　巳　　日

丁亥日、壬午日、丁巳日。

ʑui⁵ ma:u⁴ van¹ ɲum² ji² van¹ ɲum² sən² van¹ ljem² pjət⁷ ŋo⁴
癸　卯　日　壬　寅　日　壬　辰　日　廉　弼　五

癸卯日、壬寅日、壬辰日值廉贞星五黄或弼星五黄。

ɲum² hi³ ᵐbe¹ ʑui⁵ ha:m¹ ti² ŋo⁴
壬　子　年　癸[1]　三　第　五

壬子年第三元、第五元。

ʑui⁵ ma:u⁴ van¹ ʑui⁵ mi² van¹ ʑui⁵ ʁa:i³ van¹
癸　卯　日　癸　未　日　癸　亥　日

癸卯日、癸未日、癸亥日。

hi³ ʑui⁵ fa:ŋ¹ ha:m¹ si²
子　癸　方　三　时

子方、癸方为引腊方，三碧时为引腊时。

ʔjət⁷　su³　ᵐbe¹　ti²　ljik⁸　ɕət⁷
乙　　丑　　年　　第　　六　　七

乙丑年第六元、第七元。

ȵum² tjeŋ¹ tui⁵ ȵum² ji² van¹ tjeŋ¹ ʁa:i³ van¹ ȵum² ŋo² van¹
壬　　丁　　癸　　壬　　寅　日　丁　　亥　日　壬　　午　日

壬日、丁日、癸日、壬寅日、丁亥日、壬午日。

tui⁵ ma:u⁴ van¹ tui⁵ mi¹ van¹ ȵum² hi³ van¹
癸　　卯　　日　　癸　　未　日　壬　　子　日

癸卯日、癸未日、壬子日。

ljem² pjət⁸ ŋo⁴ ʔjət⁷ ŋo⁴
廉　　弼　　五　　一　　五

值廉贞星五黄，或弼星五黄，或廉贞星一白，或弼星一白。

tjeŋ¹　su³　ᵐbe¹　ti²　hi⁵　qeŋ¹　hət⁷　van¹
丁　　丑　　年　　第　　四　　庚　　戌　　日

丁丑年第四元庚戌日。

ta:p⁷　sən²　van¹　qeŋ¹　ŋo²　van¹　qeŋ¹　sən¹　van¹
甲　　辰　　日　　庚　　午　　日　　庚　　申　　日

甲辰日、庚午日、庚申日。

ta:p⁷　ji²　van¹　pjət⁸　ʔjət⁷　sən¹　van¹
甲　　寅　　日　　弻　　乙　　申　　日

甲寅日、乙日、申日值弻星。

qeŋ¹　fa:ŋ¹　ji²　ta:p⁷　fa:ŋ¹
庚　　方　　寅　　甲　　方

庚方、寅方、甲方为引腊方。

ȵi²	su³	ᵐbe¹	ȶi²	ʔjət⁷	ȵi²	pjeŋ³	ji²	van¹
己	丑	年	第	一	二	丙	寅	日

己丑年第一元、第二元丙寅日。

pjeŋ³	hi³	van¹	ȵum²	sən¹	van¹	ȶi¹	hi⁴	van¹
丙	子	日	壬	申	日	己	巳	日

丙子日、壬申日、己巳日。

ȵum²	sən²	van¹	pjeŋ³	hət⁷	van¹	pu²	ȵi²	ljok⁸	ȵi²
壬	辰	日	丙	戌	日	辅	二	禄	二

壬辰日、丙戌日值辅星二黑或禄存星二黑。

hi⁴	pjeŋ³	fa:ŋ¹	ʁa:i³	ȵum²	fa:ŋ¹
巳	丙	方	亥	壬	方

巳方、丙方、亥方、壬方为引腊方。

水书 引腊备要卷

çən¹ su³ ᵐbe¹ ti² ha:m¹
辛   丑   年   第   三

辛丑年第三元。

çən¹ su³ van¹ çən¹ ma:u⁴ van¹ ʔjət⁷ mi² van¹ çan¹ mi² van¹ pu²
辛   丑   日   辛   卯   日   乙   未   日   辛   未   日   辅

辛丑日、辛卯日、乙未日、辛未日值辅星。

ljok⁸ fan² ljok⁸ ma:u⁴ ʔjət⁷ fa:ŋ¹
禄   文   六   卯   乙   方

卯方、乙方值禄存星六白或文曲星六白。

ju⁴ çən¹ fa:ŋ¹ pu² ljok⁸ fan²
酉   辛   方   辅   六   文

酉方、辛方值辅星六白或文曲星六白。

ʈui⁵　su³　ᵐbe¹　ti²　ŋo⁴　ha:m¹
癸　　丑　　年　　第　　五　　三

癸丑年第五元、第三元。

tjeŋ¹　hi⁴　tjeŋ¹　su³　pjeŋ³　hi³　pjeŋ¹　hət⁷　pjeŋ³　sən²　pu²　ljok⁸
丁　　巳　　丁　　丑　　丙　　子　　丙　　戌　　丙　　辰　　辅　　六

丁巳日、丁丑日、丙子日、丙戌日、丙辰日值辅星六白。

hi⁴　pjeŋ³　fa:ŋ¹
巳　　丙　　方

巳方、丙方为引腊方。

ʈa:p⁷　ji²　ᵐbe¹　ti²　ʔjət⁷　ti²　ɲi²
甲　　寅　　年　　第　　一　　第　　二

甲寅年第一元、第二元。

pjeŋ³ hi³ van¹ pjeŋ³ ji² van¹ ȵum² sən¹ van¹ pjeŋ³ ŋo² van¹
丙 子 日 丙 寅 日 壬 申 日 丙 午 日

丙子日、丙寅日、壬申日、丙午日为引腊日。

sup⁸ ȵi² hi⁴ pjeŋ³ fa:ŋ¹ ʁai³ ȵum² fa:ŋ¹ pu² ȵi² ljok⁸ ȵi² si¹
十 二 巳 丙 方 亥 壬 方 辅 二 禄 二 时

十二月巳方、丙方、亥方、壬方值辅星二黑或禄存星二黑。

pjeŋ³ ji² ᵐbe¹ ti² ha:m¹
丙 寅 年 第 三

丙寅年第三元。

ɕən¹ ma:u⁴ van¹ ʔjət⁷ mi² van¹ ɕən¹ ju⁴ van¹ ʔjət⁷ ma:u⁴ van¹
辛 卯 日 乙 未 日 辛 酉 日 乙 卯 日

辛卯日、乙未日、辛酉日、乙卯日为引腊日。

ljok⁸　sup⁸　pu²　ljok⁸　fan²　ma:u⁴　ʔjət⁷　fa:ŋ¹
六　　十　　辅　　六　　文　　卯　　乙　　方

六月、十月值辅星六白或文曲星六白，乙卯方为引腊方。

ju⁴　ɕən¹　fa:ŋ¹　ljok⁸　si²
酉　　辛　　方　　六　　时

辛酉方为引腊方，六白时为引腊时。

mu²　ji²　ᵐbe¹　ti²　ljok⁸　ɕət⁷　tui⁵　ʁa:i³　van¹
戊　　寅　　年　　第　　六　　七　　癸　　亥　　日

戊寅年第六元、第七元癸亥日。

tjeŋ¹　hi⁴　van¹　ȵum²　hət⁷　van¹　ȵum²　ŋo²　van¹
丁　　巳　　日　　壬　　戌　　日　　壬　　午　　日

丁巳日、壬戌日、壬午日。

ȵum² sən² van¹ ljem¹ pjət⁷ ŋo⁴
壬　申　日　廉　弼　五
壬申日值廉贞星五黄或弼星五黄。

ŋo² tjeŋ¹ fa:ŋ¹ ʁa:i³ ȵum² fa:ŋ¹
午　丁　方　亥　壬　方
午方、丁方、亥方、壬方为引腊方。

qeŋ¹ ji² ᵐbe¹ ti² ljok⁸ ɕət⁷
庚　寅　年　第　六　七
庚寅年第六元、第七元。

ȵum² ŋo² van¹ ȵui⁵ mi² van¹ tjeŋ¹ ʁa:i³ van¹ ljem¹ pjət⁸ ŋo⁴
壬　午　日　癸　未　日　丁　亥　日　廉　弼　五
壬午日、癸未日、丁亥日值廉贞星五黄或弼星五黄。

ʁa:i³　n̠um²　fa:ŋ¹　hi³　tɕui⁵　fa:ŋ¹　ŋo⁴　si²

亥　　壬　　方　　子　　癸　　方　　五　　时

亥方、壬方、子方、癸方为引腊方，五黄时为引腊时。

n̠um²　ji²　ᵐbe¹　ti²　hi⁵　ŋo⁴

壬　　寅　　年　　第　　四　　五

壬寅年第四元、第五元。

tɕui⁵　ma:u⁴　van¹　tɕui⁵　mi²　van¹　tɕui⁵　su³　van¹　ha:m¹　pjət⁸

癸　卯　日　癸　未　日　癸　丑　日　三　弼

癸卯日、癸未日、癸丑日值弼星三碧。

hi³　tɕui⁵　fa:ŋ¹　ha:m¹　si²

子　　癸　　方　　三　　时

子方、癸方为引腊方，三碧时为引腊时。

水书 引腊备要卷

ʔjət⁷　ma:u⁴　ᵐbe¹　ti²　ljok⁸　ɕət⁷
乙　　卯　　年　　第　　六　　七

乙卯年第六元、第七元。

n̠um²　ŋo²　van¹　tui⁵　mi²　van¹　n̠um²　hət⁷　van¹　tui⁵　ʁa:i³　van¹
壬　　午　　日　　癸　　未　　日　　壬　　戌　　日　　癸　　亥　　日

壬午日、癸未日、壬戌日、癸亥日。

tui⁵　hi⁵　van¹　ljem²　pjət⁷　ŋo⁴　ʁa:i³　n̠um²　fa:ŋ¹　si²
癸　　巳　　日　　廉　　弼　　五　　亥　　壬　　方　　时

癸巳日值廉贞星五黄或弼星五黄，亥方、壬方为引腊方，亥时、壬时为引腊时。

tjeŋ¹　ma:u⁴　ᵐbe¹　ti²　hi⁵
丁　　卯　　年　　第　　四

丁卯年第四元。

qeŋ¹　hət⁷　van¹　qeŋ¹　sən¹　van¹　ta:p⁷　sən²　van¹　sən¹　qeŋ¹　fa:ŋ¹
庚　　戌　　日　　庚　　申　　日　　甲　　辰　　日　　申　　庚　　方

庚戌日、庚申日、甲辰日申方、庚方为引腊方。

ji²　ta:p⁷　fa:ŋ¹　tsjeŋ¹　sup⁸　ʔjət⁷　ʔjət⁷　si²
寅　　甲　　方　　正　　　十　　一　　　一　　　时

正月、十一月寅方、甲方为引腊方，甲寅时为引腊时。

ti¹　ma:u⁴　ᵐbe¹　ti²　ʔjət⁷　ɲi²　pjeŋ³　ji²　van¹
己　　卯　　年　　第　　一　　二　　丙　　寅　　日

己卯年第一元、第二元丙寅日。

pjeŋ³　hi³　van¹　ɲum²　sən¹　van¹
丙　　子　　日　　壬　　申　　日

丙子日、壬申日为引腊日。

sup⁸　n̠i²　pu²　n̠i²　ljok⁸　n̠i²
十　　二　　辅　　二　　禄　　二

十二月值辅星二黑或禄存星二黑。

hi⁴　pjeŋ³　fa:ŋ¹　ʁa:i³　n̠um²　fa:ŋ¹　n̠i²　si²
巳　　丙　　方　　亥　　壬　　方　　二　　时

巳方、丙方、亥方、壬方为引腊方，二黑时为引腊时。

ɕən¹　ma:u⁴　ᵐbe¹　ti²　ha:m¹　ʔjət⁷　mi²　van¹
辛　　卯　　年　　第　　三　　乙　　未　　日

辛卯年第三元乙未日。

ɕən¹　mi²　van¹　ɕən¹　ma:u⁴　van¹　ɕən¹　ʁa:i³　van¹　ɕən¹　su³　van¹
辛　未　日　辛　卯　日　辛　亥　日　辛　丑　日

辛未日、辛卯日、辛亥日、辛丑日为引腊日。

ljok⁸　sup⁸　pu²　ljok⁸　fan¹　ljok⁸
六　　十　　辅　　六　　文　　六

六月、十月值辅星六白或文曲星六白。

ju⁴　ɕən¹　ma:u⁴　ʔjət⁷　fa:ŋ¹　fa:ŋ¹
酉　　辛　　卯　　乙　　方　　方

酉方、辛方、卯方、乙方为引腊方。

ȶui⁵　ma:u⁴　ᵐbe¹　ti²　ha:m¹　pjeŋ³　sən²　van¹
癸　　卯　　年　　第　　三　　丙　　辰　　日

癸卯年第三元丙辰日。

tjeŋ¹　hi⁴　van¹　pjeŋ³　hət⁷　van¹　pjeŋ³　ŋo²　van¹
丁　　巳　　日　　丙　　戌　　日　　丙　　午　　日

丁巳日、丙戌日、丙午日为引腊日。

水书 引腊备要卷

sup⁸　pa:t⁷　hi⁴　pjeŋ³　fa:ŋ¹　ŋo²　tjeŋ¹　fa:ŋ¹　pa:t⁷　si²
十　　八　　巳　　丙　　方　　午　　丁　　方　　八　　时

十月、八月巳方、丙方、午方、丁方为引腊方，八白时为引腊时。

ȵa:p⁷　sən²　ᵐbe¹　ti²　ʔjət⁷　ȵi²　pjeŋ³　ji²　van¹　pjeŋ³　hi³　van¹
甲　　　辰　　年　　第　一　　二　　丙　　　寅　日　　丙　　　子　日

甲辰年第一元、第二元丙寅日、丙子日。

ȵum²　sən¹　van¹　tjeŋ¹　hi⁴　van¹　sup⁸　ȵi²　pu²　ȵi²　ljok⁸　ȵi²
壬　　 申　　 日　　 丁　　 巳　　日　　 十　　二　　辅　　二　　 禄　　二

十二月壬申日、丁巳日值辅星二黑或禄存星二黑。

hi⁴　pjeŋ³　fa:ŋ¹　ʁa:i³　ȵum²　fa:ŋ¹
巳　　丙　　 方　　 亥　　壬　　方

巳方、丙方、亥方、壬方为引腊方。

pjeŋ³　sən²　ᵐbe¹　ti²　ha:m¹　ʔjət⁷　mi²　van¹
丙　　辰　　年　　第　　三　　乙　　未　　日

丙辰年第三元乙未日。

ɕən¹　ma:u⁴　van¹　ɕən¹　su³　van¹　ljok⁸　sup⁸　pu²　ljok⁸　fan²　ljok⁸
辛　　卯　　日　　辛　　丑　　日　　六　　十　　辅　　六　　文　　六

六月、十月辛卯日、辛丑日值辅星六白或文曲星六白。

ma:u⁴　ʔjət⁷　fa:ŋ¹　ju⁴　ɕən¹　fa:ŋ¹　ljok⁸　si²
卯　　乙　　方　　酉　　辛　　方　　六　　时

卯方、乙方、酉方、辛方为引腊方，六白时为引腊时。

mu²　sən²　ᵐbe¹　ti²　ljok⁸　ɕət⁷　num²　hət⁷　van¹
戊　　辰　　年　　第　　六　　七　　壬　　戌　　日

戊辰年第六元、第七元壬戌日。

ȶui⁵ ʁa:i³ van¹ tjeŋ¹ hi⁴ van¹ ȵum² ji² van¹ ljem² pjət⁷ ŋo⁴
癸　亥　日　丁　巳　日　壬　寅　日　廉　弼　五

癸亥日、丁巳日、壬寅日值廉贞星五黄或弼星五黄。

ʁa:i³ ȵum² fa:ŋ¹ hi³ ȶui⁵ fa:ŋ¹
亥　壬　方　子　癸　方

亥方、壬方、子方、癸方为引腊方。

qeŋ¹ sən² ᵐbe¹ ti² ljok⁸ ɕət⁷ ȶui⁵ mi² van¹
庚　辰　年　第　六　七　癸　未　日

庚辰年第六元、第七元癸未日。

ȵum² ŋo² van¹ tjeŋ¹ ʁa:i³ van¹ ȵum² ji² van¹ ljem² pjət⁷ ŋo⁴
壬　午　日　丁　亥　日　壬　寅　日　廉　弼　五

壬午日、丁亥日、壬寅日值廉贞星五黄或弼星五黄。

ʁa:i³ fa:ŋ¹ si² hi³ ŋo²

亥　　方　　时　　子　　午

亥方、子方、午方为引腊方，亥时、子时、午时为引腊时。

ȵum² sən² ᵐbe¹ ti² hi⁵ ŋo⁴ ȶui⁵ ma:u⁴ van¹

壬　　辰　　年　　第　　四　　五　　癸　　卯　　日

壬辰年第四元、第五元癸卯日。

ȶui⁵ ʁa:i³ van¹ ȶui⁵ mi² van¹ ha:m¹ pjət⁷ pho⁵ ha:m¹ ȶu² ha:m¹

癸　亥　日　癸　未　日　三　弼　破　三　巨　三

三月癸亥日、癸未日值弼星三碧，或破军星三碧，或巨门星三碧。

hi³ ȶui⁵ fa:ŋ¹

子　　癸　　方

子方、癸方为引腊方。

ʔjət⁷	hi⁴	ᵐbe¹	ti²	ljok⁸	ɕət⁷	ȵum²	ŋo²	van¹
乙	巳	年	第	六	七	壬	午	日

乙巳年第六元、第七元壬午日。

ʨui⁵	mi²	van¹	tjeŋ¹	ʁa:i³	van¹	ȵum²	sən¹	van¹	ljem²	pjət⁷	ŋo⁴
癸	未	日	丁	亥	日	壬	申	日	廉	弼	五

癸未日、丁亥日、壬申日值廉贞星五黄或弼星五黄。

hi³	ʨui⁵	fa:ŋ¹	ŋo²	tjeŋ¹	fa:ŋ¹	pjeŋ³	si²
子	癸	方	午	丁	方	丙	时

子方、癸方、午方、丁方为引腊方，丙时为引腊时。

tjeŋ¹	hi⁴	ᵐbe¹	ti²	hi⁵	qeŋ¹	hət⁷	van¹
丁	巳	年	第	四	庚	戌	日

丁巳年第四元庚戌日。

ȶa:p⁷ sən² van¹ qeŋ¹ sən¹ van¹ ȶa:p⁷ ji² van¹
甲 辰 日 庚 申 日 甲 寅 日

甲辰日、庚申日、甲寅日为引腊日。

tsjeŋ¹ sup⁸ ʔjət⁷ fan² ʔjət⁷ pjət⁷ ʔjət⁷
正 十 一 文 一 弼 一

正月、十一月值文曲星一白或弼星一白。

sən¹ qeŋ¹ fa:ŋ¹ ji² ȶa:p⁷ fa:ŋ¹
申 庚 方 寅 甲 方

申方、庚方、寅方、甲方为引腊方。

ȶi¹ hi⁴ ᵐbe¹ ti² ʔjət⁷ pjeŋ³ ji² van¹
己 巳 年 第 一 丙 寅 日

己巳年第一元丙寅日为引腊日。

pjeŋ³　hi³　van¹　ȵum²　sən¹　van¹　sup⁸　ȵi²　pu²　ȵi²　ljok⁸　ȵi²　si²
丙　　子　　日　　壬　　申　　日　　十　　二　　辅　　二　　禄　　二　　时

十二月丙子日、壬申日值辅星二黑或禄存星二黑。

hi⁴　pjeŋ³　fa:ŋ¹　ʁa:i³　ȵum²　fa:ŋ¹　ȵi²　si²
巳　　丙　　方　　亥　　壬　　方　　二　　时

巳方、丙方、亥方、壬方为引腊方，二黑时为引腊时。

ɕən¹　hi⁴　ᵐbe¹　ti²　ha:m¹　ʔjət⁷　mi²　van¹
辛　　巳　　年　　第　　三　　　乙　　未　　日

辛巳年第三元乙未日。

ɕən¹　ma:u⁴　van¹　ɕən¹　su³　van¹　ljok⁸　pu²　ljok⁸　fan²　ljok⁸
辛　　卯　　日　　辛　　丑　　日　　六　　辅　　六　　文　　六

六月辛卯日、辛丑日值辅星六白或文曲星六白。

ma:u⁴ ʔjət⁷ fa:ŋ¹ ju⁴ ɕən¹ fa:ŋ¹ ljok⁸ si²
卯　　乙　　方　　酉　　辛　　方　　六　　时

卯方、乙方、酉方、辛方为引腊方，六白时为引腊时。

ʨui⁵ hi⁴ ᵐbe¹ ti² ha:m¹ pjeŋ³ sən² van¹
癸　　巳　　年　　第　　三　　丙　　辰　　日

癸巳年第三元丙辰日。

tjeŋ¹ hi⁴ van¹ pjeŋ³ hi³ van¹ sup⁸ pa:t⁷ ʈu² pa:t⁷ fu⁴ pa:t⁷ si²
丁　巳　日　丙　子　日　十　八　巨　八　武　八　时

十月、八月丁巳日、丙子日值巨门星八白或武曲星八白。

hi⁴ pjeŋ³ fa:ŋ¹ ŋo² tjeŋ¹ fa:ŋ¹ pa:t⁷ si²
巳　　丙　　方　　午　　丁　　方　　八　　时

巳方、丙方、午方、丁方为引腊方，八白时为引腊时。

ʮa:p⁷	ŋo²	ᵐbe¹	ti²	ʔjət⁷	ɲi²	pjeŋ³	hi³	van¹
甲	午	年	第	一	二	丙	子	日

甲午年第一元、第二元丙子日。

pjeŋ³	ji²	van¹	ȵum²	sən²	van¹	sup⁸	ɲi²	pu²	ljok⁸	ɲi²
丙	寅	日	壬	申	日	十	二	辅	六	二

十二月丙寅日、壬申日值辅星六白或辅星二黑。

hi⁴	pjeŋ³	fa:ŋ¹	ʁa:i³	ȵum²	fa:ŋ¹	ɲi²	si²
巳	丙	方	亥	壬	方	二	时

巳方、丙方、亥方、壬方为引腊方，二黑时为引腊时。

pjeŋ³	ŋo²	ᵐbe¹	ti²	ha:m¹	ɕən¹	ma:u⁴	van¹
丙	午	年	第	三	辛	卯	日

丙午年第三元辛卯日。

ʔjət⁷	mi²	van¹	ɕən¹	su³	van¹	ɕən¹	ju⁴	van¹	ljok⁸	sup⁸
乙	未	日	辛	丑	日	辛	酉	日	六	十

六月、十月乙未日、辛丑日、辛酉日。

pu²	ljok⁸	fan²	ljok⁸	si²
辅	六	文	六	时

值辅星六白或文曲星六白。

ma:u⁴	ʔjət⁷	fa:ŋ¹	ju⁴	ɕən¹	fa:ŋ¹
卯	乙	方	酉	辛	方

卯方、乙方、酉方、辛方为引腊方。

mu²	ŋo²	ᵐbe¹	ti²	ŋo⁴	ɕat⁷	num²	hət⁷	van¹
戊	午	年	第	五	七	壬	戌	日

戊午年第五元、第七元壬戌日。

ʨui⁵　ʁa:i³　van¹　tjeŋ¹　hi⁴　van¹　ljem²　pjət⁷　ŋo⁴　si²
癸　　亥　　日　　丁　　巳　　日　　廉　　弼　　五　　时

癸亥日、丁巳日值廉贞星五黄或弼星五黄。

ʁa:i³　ȵum²　fa:ŋ¹　ŋo²　tjeŋ¹　fa:ŋ¹　ŋo⁴　si²
亥　　壬　　方　　午　　丁　　方　　五　　时

亥方、壬方、午方、丁方为引腊方，五黄时为引腊时。

qeŋ¹　ŋo²　ᵐbe¹　ti²　ljok⁸　ɕət⁷　ȵum²　ŋo²　van¹
庚　　午　　年　　第　　六　　七　　壬　　午　　日

庚午年第六元、第七元壬午日。

ʨui⁵　mi²　van²　tjeŋ¹　ʁa:i³　van¹　ʨui⁵　ma:u⁴　van¹　ljem²
癸　　未　　日　　丁　　亥　　日　　癸　　卯　　日　　廉

癸未日、丁亥日、癸卯日值廉贞星。

ȵum² ŋo² ᵐbe¹ ti² hi⁵ ŋo⁴ ʨui⁵ ma:u⁴ van¹

壬 午 年 第 四 五 癸 卯 日

壬午年第四元、第五元癸卯日。

ʨui⁵ mi² van¹ ʨui⁵ ʁa:i³ van¹ ʨui⁵ ju⁴ van²

癸 未 日 癸 亥 日 癸 酉 日

癸未日、癸亥日、癸酉日。

ha:m¹ pjət⁷ pho⁵ ha:m¹ ʨu² ha:m¹

三 弼 破 三 巨 三

值弼星三碧，或破军星三碧，或巨门星三碧。

hi³ ʨui⁵ fa:ŋ¹ ha:m¹ si²

子 癸 方 三 时

子方、癸方为引腊方，三碧时为引腊时。

ʔjət⁷	mi²	ᵐbe¹	ti²	ljok⁸	ɕət⁷	ȵum²	ŋo²	van¹
乙	未	年	第	六	七	壬	午	日

乙未年第六元、第七元壬午日。

ȶui⁵	mi²	van¹	tjeŋ¹	ʁa:i³	van¹	ȵum²	ji²	van¹	ljem²	pjət⁸	ŋo⁴
癸	未	日	丁	亥	日	壬	寅	日	廉	弼	五

癸未日、丁亥日、壬寅日值廉贞星五黄或弼星五黄。

ʁa:i³	ȵum²	fa:ŋ¹	hi³	ȶui⁵	fa:ŋ¹	ŋo⁴	si²
亥	壬	方	子	癸	方	五	时

亥方、壬方、子方、癸方为引腊方，五黄时为引腊时。

tjeŋ¹	mi²	ᵐbe¹	ti²	hi⁵
丁	未	年	第	四

丁未年第四元。

ta:p⁷ sən² van¹ qeŋ¹ hət⁷ van¹ qeŋ¹ sən¹ van¹ ta:p⁷ ŋo² van¹
甲　辰　日　庚　戌　日　庚　申　日　甲　午　日
甲辰日、庚戌日、庚申日、甲午日。

tsjeŋ¹ sup⁸ ʔjət⁷ pjət⁷ fan² ʔjət⁷ si²
正　十　一　弼　文　一　时
正月、十一月值弼星一白或文曲星一白。

sən¹ qeŋ¹ fa:ŋ¹ ji² ta:p⁷ fa:ŋ¹ ʔjət⁷ si²
申　庚　方　寅　甲　方　一　时
申方、庚方、寅方、甲方为引腊方，一白时为引腊时。

ti¹ mi² ᵐbe¹ ti² ʔjət⁷ ni² pjeŋ³ ji² van¹
己　未　年　第　一　二　丙　寅　日
己未年第一元、第二元丙寅日。

ȵum² sən¹ pjeŋ³ hi⁴ van¹ sup⁸ ȵi² pu² ȵi² ljok⁸ ȵi² si²
壬　申　丙　子　日　十　二　辅　二　禄　二　时

十二月壬申日、丙子日值辅星二黑或禄存星二黑。

hi⁴ pjeŋ³ fa:ŋ¹ ka:i³ ȵum² fa:ŋ¹ ȵi² si²
巳　丙　方　亥　壬　方　二　时

巳方、丙方、亥方、壬方为引腊方，二黑时为引腊时。

ɕən¹ mi² ᵐbe¹ ti² ha:m¹ ɕən¹ mi² van¹
辛　未　年　第　三　辛　未　日

辛未年第三元辛未日。

ʔjət⁷ mi² van¹ ɕən¹ ma:u⁴ van¹ ɕən¹ ju⁴ van¹ ɕən¹ su³ van¹
乙　未　日　辛　卯　日　辛　酉　日　辛　丑　日

乙未日、辛卯日、辛酉日、辛丑日。

ljok⁸　sup⁸　pu²　ljok⁸　fan²　si²
六　　十　　辅　　六　　文　　时

六月、十月值辅星六白或文曲星六白。

ma:u⁴　ʔjət⁷　fa:ŋ¹　ju⁴　ɕən¹　fa:ŋ¹
卯　　乙　　方　　酉　　辛　　方

卯方、乙方、酉方、辛方为引腊方。

tui⁵　mi²　ᵐbe¹　ti²　ha:m¹　tjeŋ¹　hi⁴　van¹
癸　　未　　年　　第　　三　　　丁　　巳　　日

癸未年第三元丁巳日。

pjeŋ³　sən²　van¹　pjeŋ³　ŋo²　van¹
丙　　辰　　日　　丙　　午　　日

丙辰日、丙午日。

十 八 豆 八 灵 八

sup⁸　pa:t⁷　ȶu²　pa:t⁷　fu⁴　pa:t⁷

十　八　巨　八　武　八

十月、八月值巨门星八白或武曲星八白。

巳 丙 方 午 丁 方 八 时

hi⁴　pjeŋ³　fa:ŋ¹　ŋo²　tjeŋ¹　fa:ŋ¹　pa:t⁷　si²

巳　丙　方　午　丁　方　八　时

巳方、丙方、午方、丁方为引腊方，八白时为引腊时。

甲 申 年 第 一 二

ȶa:p⁷　sən¹　ᵐbe¹　ti²　ʔjət⁷　n.i²

甲　申　年　第　一　二

甲申年第一元、第二元。

丙 寅 日 壬 申 日 丙 子 日

pjeŋ³　ji²　van¹　num²　sən¹　van¹　pjeŋ³　hi³　van¹

丙　寅　日　壬　申　日　丙　子　日

丙寅日、壬申日、丙子日。

sup⁸　ɲi²　pu²　ɲi²　ljok⁸　ɲi²　si²
十　　二　　辅　　二　　禄　　二　　时

十二月值辅星二黑或禄存星二黑。

hi⁴　pjeŋ³　fa:ŋ¹　ʁa:i³　ɲum²　fa:ŋ¹　ɲi²　si²
巳　　丙　　方　　亥　　壬　　方　　二　　时

巳方、丙方、亥方、壬方为引腊方，二黑时为引腊时。

pjeŋ³　sən¹　ᵐbe¹　ti²　ha:m¹
丙　　申　　年　　第　　三

丙申年第三元。

ɕən¹　ma:u⁴　van¹　ʔjət⁷　mi²　van¹　ɕən¹　su³　van¹
辛　　卯　　日　　乙　　未　　日　　辛　　丑　　日

辛卯日、乙未日、辛丑日。

ljok⁸　sup⁸　pu²　ljok⁸　fan²　ljok⁸　si²
六　　十　　辅　　六　　文　　六　　时

六月、十月值辅星六白或文曲星六白。

ma:u⁴　ʔjət⁷　fa:ŋ¹　ju⁴　ɕən¹　fa:ŋ¹　ljok⁸　si²
卯　　乙　　方　　酉　　辛　　方　　六　　时

卯方、乙方、酉方、辛方为引腊方，六白时为引腊时。

mu²　sən¹　ᵐbe¹　ti²　ŋo⁴　ɕət⁷　ȵum²　hət⁷　van¹
戊　　申　　年　　第　　五　　七　　壬　　戌　　日

戊申年第五元、第七元壬戌日。

ʨui⁵　ʁa:i³　van¹　tjeŋ¹　hi⁴　van¹　ȵum²　ji²　van¹
癸　　亥　　日　　丁　　巳　　日　　壬　　寅　　日

癸亥日、丁巳日、壬寅日。

ȵum² sən¹ van¹ ljem² pjət⁸ ŋo⁴
壬　申　日　廉　弼　五

壬申日值廉贞星五黄或弼星五黄。

ʁa:i³ ȵum² fa:ŋ¹ ŋo⁴ si² hi³ tui⁵ fa:ŋ¹
亥　壬　方　五　时　子　癸　方

亥方、壬方、子方、癸方为引腊方，五黄时为引腊时。

qeŋ¹ sən¹ ᵐbe¹ ti² ljok⁸ ɕət⁷ ȵum² ŋo² van¹
庚　申　年　第　六　七　壬　午　日

庚申年第六元、第七元壬午日。

tjen¹ ʁa:i³ van¹ tui⁵ mi² van¹ ȵum² sən¹ van¹ ljem² pjət⁸ ŋo⁴
丁　亥　日　癸　未　日　壬　申　日　廉　弼　五

丁亥日、癸未日、壬申日值廉贞星五黄或弼星五黄。

ʁa:i³ n̠um² fa:ŋ¹ hi³ ȶui⁵ fa:ŋ¹ ŋo⁴ si²
亥   壬   方   子   癸   方   五   时

亥方、壬方、子方、癸方为引腊方，五黄时为引腊时。

n̠um² sən¹ ᵐbe¹ ti² hi⁵ ŋo⁴ ȶui⁵ ma:u⁴ van¹
壬   申   年   第   四   五   癸   卯   日

壬申年第四元、第五元癸卯日。

ȶui⁵ mi² van¹ ȶui⁵ su³ van¹ ha:m¹ pjət⁷ pho⁵ tu² ha:m¹ si²
癸   未   日   癸   丑   日   三   弼   破   巨   三   时

三月癸未日、癸丑日值弼星三碧，或破军星三碧，或巨门星三碧。

hi³ ȶui⁵ fa:ŋ¹ ha:m¹ si²
子   癸   方   三   时

子方、癸方为引腊方，三碧时为引腊时。

ʔjət⁷	ju⁴	ᵐbe¹	ti²	ljok⁸	ɕət⁷	ȵum²	ŋo²	van¹
乙	酉	年	第	六	七	壬	午	日

乙酉年第六元、第七元壬午日。

tjeŋ¹	ʁa:i³	van¹	ʦui⁵	mi²	van¹	tjeŋ¹	hi⁴	van¹	ljem²	pjət⁷	ŋo⁴	si²
丁	亥	日	癸	未	日	丁	巳	日	廉	弼	五	时

丁亥日、癸未日、丁巳日值廉贞星五黄或弼星五黄。

ŋo²	tjeŋ¹	fa:ŋ¹	hi³	ʦui⁵	fa:ŋ¹	ŋo⁴	si²
午	丁	方	子	癸	方	五	时

午方、丁方、子方、癸方为引腊方，五黄时为引腊时。

tjeŋ¹	ju⁴	ᵐbe¹	ti²	hi⁵
丁	酉	年	第	四

丁酉年第四元。

ȶa:p⁷ sən² van¹ qeŋ¹ hət⁷ van¹ qeŋ¹ sən¹ van¹
甲　　辰　　日　　庚　　戌　　日　　庚　　申　　日

甲辰日、庚戌日、庚申日。

tsjeŋ¹ sup⁸ ʔjət⁷ pjət⁸ ʔjət⁷ fan² ʔjət⁷ si²
正　　　十　　一　　　弼　　一　　　文　　一　　　时

正月、十一月值弼星一白或文曲星一白。

sən¹ qeŋ¹ fa:ŋ¹ ji² ȶa:p⁷ fa:ŋ¹ ʔjət⁷ si²
申　　庚　　方　　寅　　甲　　方　　一　　时

申方、庚方、寅方、甲方为引腊方，一白时为引腊时。

ȶi¹ ju⁴ ᵐbe¹ ti² ʔjət⁷ ni²
己　　酉　　年　　第　　一　　二

己酉年第一、第二元。

pjeŋ³　ji²　van¹　ȵum²　sən¹　van¹　pjeŋ³　hi³　van¹
丙　　寅　　日　　壬　　申　　日　　丙　　子　　日

丙寅日、壬申日、丙子日。

sup⁸　ȵi²　pu²　ȵi²　ljok⁸　ȵi²　si²
十　　二　　辅　　二　　禄　　　二　　时

十二月值辅星二黑或禄存星二黑。

hi⁴　pjeŋ³　fa:ŋ¹　ʁa:i³　ȵum²　fa:ŋ¹　ȵi²　si²
巳　　丙　　方　　亥　　壬　　方　　二　　时

巳方、丙方、亥方、壬方为引腊方，二黑时为引腊时。

ɕən¹　ju⁴　ᵐbe¹　ti²　ha:m¹
辛　　酉　　年　　第　　三

辛酉年第三元。

水书 引腊备要卷

127

?jət⁷　mi²　van¹　ɕən¹　ma:u⁴　van¹　ɕən¹　su³　van¹
乙　　未　　日　　辛　　卯　　日　　辛　　丑　　日

乙未日、辛卯日、辛丑日。

ljok⁸　sup⁸　pu²　ljok⁸　fan²　ljok⁸　si²
六　　十　　辅　　六　　文　　六　　时

六月、十月值辅星六白或文曲星六白。

ma:u⁴　?jət⁷　fa:ŋ¹　ju⁴　ɕən¹　fa:ŋ¹　ljok⁸　si²
卯　　乙　　方　　酉　　辛　　方　　六　　时

卯方、乙方、酉方、辛方为引腊方，六白时为引腊时。

tui⁵　ju⁴　ᵐbe¹　ti²　ha:m¹
癸　　酉　　年　　第　　三

癸酉年三元。

pjeŋ³ sən² van¹ tjeŋ¹ hi⁴ van¹ pjeŋ³ hi³ van¹ pjeŋ³ ji² van¹
丙　辰　日　丁　巳　日　丙　子　日　丙　寅　日

丙辰日、丁巳日、丙子日、丙寅日。

sup⁸　pa:t⁷　tu²　pa:t⁷　fu⁴　pa:t⁷　si²
十　　八　　巨　　八　　武　　八　　时

十月、八月值巨门星八白或武曲星八白。

hi⁴　pjeŋ³　fa:ŋ¹　ŋo²　tjeŋ¹　fa:ŋ¹
巳　　丙　　方　　午　　丁　　方

巳方、丙方、午方、丁方为引腊方。

ta:p⁷　hət⁷　ᵐbe¹　ti²　ʔjət⁷　ɲi²
甲　　戌　　年　　第　　一　　二

甲戌年第一元、第二元。

pjeŋ³ ji² van¹ ȵum² sən² van¹ pjeŋ³ hi³ van¹
丙　寅　日　壬　申　日　丙　子　日

丙寅日、壬申日、丙子日。

sup⁸ ȵi² pu² ȵi² ljok⁸ ȵi²
十　二　辅　二　禄　二

十二月值辅星二黑或禄存星二黑。

hi⁴ pjeŋ³ fa:ŋ¹ ʁa:i³ ȵum² fa:ŋ¹ ȵi² si²
巳　丙　方　亥　壬　方　二　时

巳方、丙方、亥方、壬方为引腊方，二黑时为引腊时。

pjeŋ³ hət⁷ ᵐbe¹ ti² ha:m¹
丙　戌　年　第　三

丙戌年第三元。

çən¹ ma:u⁴ van¹ ʔjət⁷ mi² van¹ çən¹ su³ van¹
辛　卯　日　乙　未　日　辛　丑　日

辛卯日、乙未日、辛丑日。

ljok⁸ sup⁸ pu² ljok⁸ fan² ljok⁸
六　十　辅　六　文　六

六月、十月值辅星六白或文曲星六白。

ma:u⁴ ʔjət⁷ fa:ŋ¹ ju⁴ çən¹ fa:ŋ¹ ljok⁸ si²
卯　乙　方　酉　辛　方　六　时

卯方、乙方、酉方、辛方为引腊方，六白时为引腊时。

mu² hət⁷ ᵐbe¹ ti² ŋo⁴ çət⁷
戊　戌　年　第　五　七

戊戌年第五元、第七元。

tjeŋ¹ hi⁴ van¹ pjeŋ³ sən² van¹ ȵum² hət⁷ van¹ ȵum² ji² van¹
丁　巳　日　丙　辰　日　壬　戌　日　壬　寅　日

丁巳日、丙辰日、壬戌日、壬寅日。

ljem² pjət⁸ ŋo⁴ si²
廉　　弼　　五　　时

值廉贞星五黄或弼星五黄。

ʁa:i³ ȵum² fa:ŋ¹ hi³ tui⁵ fa:ŋ¹
亥　　壬　　方　　子　癸　方

亥方、壬方、子方、癸方为引腊方。

qeŋ¹ hət⁷ ᵐbe¹ ti² ljok⁸ ɕət⁷
庚　　戌　　年　　第　六　　七

庚戌年第六元、第七元。

ȵum² ŋo² van¹ ʈui⁵ mi² van¹ tjeŋ¹ hi⁴ van¹ tjeŋ¹ ʁa:i³ van¹
壬　午　日　癸　未　日　丁　巳　日　丁　亥　日

壬午日、癸未日、丁巳日、丁亥日。

ljem² pjət⁷ ŋo⁴ si²
廉　弼　五　时

值廉贞星五黄或弼星五黄。

ʁa:i³ ȵum² fa:ŋ¹ hi³ ʈui⁵ fa:ŋ¹
亥　壬　方　子　癸　方

亥方、壬方、子方、癸方为引腊方。

ȵum² hət⁷ ᵐbe¹ ti² hi⁵ ŋo⁴
壬　戌　年　第　四　五

壬戌年第四元、第五元。

水书 引腊备要卷

133

ʈui⁵ ma:u⁴ van¹ ʈui⁵ mi² van¹ ʈui⁵ ʁa:i³ van¹
癸 卯 日 癸 亥 日 癸 未 日

癸卯日、癸亥日、癸未日。

ha:m¹ pjət⁸ pho⁵ ha:m¹ tu² ha:m¹ si²
三 弼 破 三 巨 三 时

值弼星三碧，或破军星三碧，或巨门星三碧。

hi³ ʈui⁵ fa:ŋ¹ ha:m¹ si²
子 癸 方 三 时

子方、癸方为引腊方，三碧时为引腊时。

ʔjət⁷ ʁa:i³ mbe¹ ti² ljok⁸ ɕət⁷ ȵum² ŋo² van¹
乙 亥 年 第 六 七 壬 午 日

乙亥年第六元、第七元壬午日。

tjeŋ¹ ʁa:i³ van¹ ʨui⁵ mi² van¹ ȵum² sən¹ van¹ ljem² pjət⁸ ŋo⁴
丁　亥　日　癸　未　日　壬　申　日　廉　弼　五

丁亥日、癸未日、壬申日值廉贞星五黄或弼星五黄。

ʁa:i³ ȵum² fa:ŋ¹ hi³ ʨui⁵ fa:ŋ¹
亥　壬　方　子　癸　方

亥方、壬方、子方、癸方为引腊方。

tjeŋ¹ ʁa:i³ ᵐbe¹ ti² hi⁵
丁　亥　年　第　四

丁亥年第四元。

ʨa:p⁷ sən² van¹ qeŋ¹ hət⁷ van¹ qeŋ¹ sən¹ van¹ ʨa:p⁷ ji² van¹
甲　辰　日　庚　戌　日　庚　申　日　甲　寅　日

甲辰日、庚戌日、庚申日、甲寅日。

qeŋ¹　ŋo²　van¹　tsjeŋ¹　sup⁸　ʔjət⁷　pjət⁷　ʔjət⁷
庚　　午　　日　　正　　十　　一　　弼　　一[2]

正月、十一月庚午日值弼星一白。

sən¹　qeŋ¹　fa:ŋ¹　ji²　ȶa:p⁷　fa:ŋ¹
申　　庚　　方　　寅　　甲　　方

申方、庚方、寅方、甲方为引腊方。

ȶi¹　ʁa:i³　ᵐbe¹　ti²　ʔjət⁷　ȵi²
己　　亥　　年　　第　　一　　二

己亥年第一元、第二元。

pjeŋ³　ji²　van¹　ȵum²　sən¹　van¹　pjeŋ³　hi³　van¹
丙　　寅　　日　　壬　　申　　日　　丙　　子　　日

丙寅日、壬申日、丙子日。

sup⁸　ȵi²　pu²　ȵi²　ljok⁸　si²
十　　二　　辅　　二　　禄　　时

十二月值辅星二黑或禄存星二黑。

hi⁴　pjeŋ³　fa:ŋ¹　ʁa:i³　ȵum²　fa:ŋ¹　ȵi²　si²
巳　　丙　　方　　亥　　壬　　方　　二　　时

巳方、丙方、亥方、壬方为引腊方，二黑时为引腊时。

ɕən¹　ʁa:i¹　ᵐbe¹　ti²　ha:m¹
辛　　亥　　年　　第　　三

辛亥年第三元。

ʔjət⁷　mi²　van¹　ɕən¹　ma:u⁴　van¹　ɕən¹　su³　van¹
乙　　未　　日　　辛　　卯　　日　　辛　　丑　　日

乙未日、辛卯日、辛丑日。

ljok⁸	sup⁸	pu²	ljok⁸	fan²	ljok⁸	si²
六	十	辅	六	文	六	时

六月、十月值辅星六白或文曲星六白。

ma:u⁴	ʔjət⁷	fa:ŋ¹	ju⁴	ɕən¹	fa:ŋ¹	ljok⁸	si²
卯	乙	方	酉	辛	方	六	时

卯方、乙方、酉方、辛方为引腊方，六白时为引腊时。

ȶui⁵	ʁa:i³	ᵐbe¹	ti²	ha:m¹
癸	亥	年	第	三

癸亥年第三元。

pjeŋ³	sən²	van¹	tjeŋ¹	hi⁴	van¹	pjeŋ³	ji²	van¹
丙	辰	日	丁	巳	日	丙	寅	日

丙辰日、丁巳日、丙寅日。

sup⁸　pa:t⁷　tu²　pa:t⁷　fu⁴　pa:t⁷

十　　八　　巨　　八　　武　　八

十月、八月值巨门星八白或武曲星八白。

hi⁴　pjen³　fa:ŋ¹　ŋo²　tjen¹　fa:ŋ¹　pa:t⁷　si²

巳　　丙　　方　　午　　丁　　方　　八　　时

巳方、丙方、午方、丁方为引腊方，八白时为引腊时。

篇章意译

　　甲方、己方、丙方、壬方为十二火。

　　甲子年第一元、第二元丙子日、丙寅日、壬申日、壬午日，六月、十二月丙戌日值辅星二黑，巳方、丙方、亥方、壬方为九火方。

　　丙子年六月、十月乙方、辛方为引腊方，第三元乙未日、辛卯日、壬辰日为引腊日，乙未方、辛卯方、壬辰方为引腊方，庚申日、辛丑日值辅星六白或文曲星六白，卯方、乙方为九火方。

　　戊子年取天干丁、壬，第六元、第七元癸亥日、丁巳日、壬午日亥方、壬方、午方、丁方、子方、癸方值弼星五黄或廉贞星九黄。

　　庚子年第六元、第七元癸未日、丁亥日、壬午日、丁巳日、癸卯日、壬寅日、壬辰日值廉贞星五黄或弼星五黄。

壬子年第三元、第五元癸卯日、癸未日、癸亥日子方、癸方为引腊方，三碧时为引腊时。

乙丑年第六元、第七元壬日、丁日、癸日、壬寅日、丁亥日、壬午日、癸卯日、癸未日、壬子日值廉贞星五黄，或弼星五黄，或廉贞星一白，或弼星一白。

丁丑年第四元庚戌日、甲辰日、庚午日、庚申日、甲寅日、乙日、申日值弼星，庚方、寅方、甲方为引腊方。

己丑年第一元、第二元丙寅日、丙子日、壬申日、己巳日、壬辰日、丙戌日值辅星二黑或禄存星二黑，巳方、丙方、亥方、壬方为引腊方。

辛丑年第三元辛丑日、辛卯日、乙未日、辛未日值辅星，卯方、乙方值禄存星六白或文曲星六白，酉方、辛方值辅星六白或文曲星六白。

癸丑年第五元、第三元丁巳日、丁丑日、丙子日、丙戌日、丙辰日值辅星六白，巳方、丙方为引腊方。

甲寅年第一元、第二元丙子日、丙寅日、壬申日、丙午日为引腊日，十二月巳方、丙方、亥方、壬方值辅星二黑或禄存星二黑。

丙寅年第三元辛卯日、乙未日、辛酉日、乙卯日为引腊日，六月、十月值辅星六白或文曲星六白，乙卯、辛酉方为引腊方，六白时为引腊时。

戊寅年第六元、第七元癸亥日、丁巳日、壬戌日、壬午日、壬申日值廉贞星五黄或弼星五黄，午方、丁方、亥方、壬方为引腊方。

庚寅年第六元、第七元壬午日、癸未日、丁亥日值廉贞星五黄或弼星五黄，亥方、壬方、子方、癸方为引腊方，五黄时为引腊时。

壬寅年第四元、第五元癸卯日、癸未日、癸丑日值弼星三碧，子方、癸方为引腊方，三碧时为引腊时。

乙卯年第六元、第七元壬午日、癸未日、壬戌日、癸亥日、癸巳日值廉贞星五黄或弼星五黄，亥方、壬方为引腊方，亥时、壬时为引腊时。

丁卯年第四元庚戌日、庚申日、甲辰日申方、庚方为引腊方，正月、十一月寅方、甲方为引腊方，甲寅时为引腊时。

己卯年第一元、第二元丙寅日、丙子日、壬申日为引腊日，十二月值辅星二黑或禄存星二黑，巳方、丙方、亥方、壬方为引腊方，二黑时为引腊时。

辛卯年第三元乙未日、辛未日、辛卯日、辛亥日、辛丑日为引腊日，六月、十月值辅星六白或文曲星六白，酉方、辛方、卯方、乙方为引腊方。

癸卯年第三元丙辰日、丁巳日、丙戌日、丙午日为引腊日，十月、八月巳方、丙方、午方、丁方为引腊方，八白时为引腊时。

甲辰年第一元、第二元丙寅日、丙子日，十二月壬申日、丁巳日值辅星二黑或禄存星二黑，巳方、丙方、亥方、壬方为引腊方。

丙辰年第三元乙未日，六月、十月辛卯日、辛丑日值辅星六白或文曲星六白，卯方、乙方、酉方、辛方为引腊方，六白时为引腊时。

戊辰年第六元、第七元壬戌日、癸亥日、丁巳日、壬寅日值廉贞星五黄或弼星五黄，亥方、壬方、子方、癸方为引腊方。

庚辰年第六元、第七元癸未日、壬午日、丁亥日、壬寅日值廉贞星五黄或弼星五黄，亥方、子方、午方为引腊方，亥时、子时、午时为引腊时。

壬辰年第四元、第五元癸卯日，三月癸亥日、癸未日值弼星三碧，或破军星三碧，或巨门星三碧，子方、癸方为引腊方。

乙巳年第六元、第七元壬午日、癸未日、丁亥日、壬申日值廉贞星五黄或弼星五黄，子方、癸方、午方、丁方为引腊方，丙时为引腊时。

丁巳年第四元庚戌日、甲辰日、庚申日、甲寅日为引腊日，正月、十一月值文曲星一白或弼星一白，申方、庚方、寅方、甲方为引腊方。

己巳年第一元丙寅日为引腊日，十二月丙子日、壬申日值辅星二黑或禄存星二黑，巳方、丙方、亥方、壬方为引腊方，二黑时为引腊时。

辛巳年第三元乙未日，六月辛卯日、辛丑日值辅星六白或文曲星六白，卯方、乙方、酉方、辛方为引腊方，六白时为引腊时。

癸巳年第三元丙辰日，十月、八月丁巳日、丙子日值巨门星八白或武曲星八白，巳方、丙方、午方、丁方为引腊方，八白时为引腊时。

甲午年第一元、第二元丙子日，十二月丙寅日、壬申日值辅星六白或辅星二黑，巳方、丙方、亥方、壬方为引腊方，二黑时为引腊时。

丙午年第三元辛卯日，六月、十月乙未日、辛丑日、辛酉日值辅星六白或文曲星六白，卯方、乙方、酉方、辛方为引腊方。

戊午年第五元、第七元壬戌日、癸亥日、丁巳日值廉贞星五黄或弼星五黄，亥方、壬方、午方、丁方为引腊方，五黄时为引腊时。

庚午年第六元、第七元壬午日、癸未日、丁亥日、癸卯日值廉贞星。

壬午年第四元、第五元癸卯日、癸未日、癸亥日、癸酉日值弼星三碧，或破军星三碧，或巨门星三碧，子方、癸方为引腊方，三碧时为引腊时。

乙未年第六元、第七元壬午日、癸未日、丁亥日、壬寅日值廉贞星五黄或弼星五黄，亥方、壬方、子方、癸方为引腊方，五黄时为引腊时。

丁未年第四元甲辰日、庚戌日、庚申日、甲午日，以及正月、十一月值弼星一白或文曲星一白，申方、庚方、寅方、甲方为引腊方，一白时为引腊时。

己未年第一元、第二元丙寅日，十二月壬申日、丙子日值辅星二黑或禄存星二黑，巳方、丙方、亥方、壬方为引腊方，二黑时为引腊时。

辛未年第三元辛未日、乙未日、辛卯日、辛酉日、辛丑日，以及六月、十月值辅星六白或文曲星六白，卯方、乙方、酉方、辛方为引腊方。

癸未年第三元丁巳日、丙辰日、丙午日，以及十月、八月值巨门星八白或武曲星八白，巳方、丙方、午方、丁方为引腊方，八白时为引腊时。

甲申年第一元、第二元丙寅日、壬申日、丙子日，以及十二月值辅星二黑或禄存星二黑，巳方、丙方、亥方、壬方为引腊方，二黑时为引腊时。

丙申年第三元辛卯日、乙未日、辛丑日，以及六月、十月值辅星六白或文曲星六白，卯方、乙方、酉方、辛方为引腊方，六白时为引腊时。

戊申年第五元、第七元壬戌日、癸亥日、丁巳日、壬寅日、壬申日值廉贞星五黄或弼星五黄，亥方、壬方、子方、癸方为引腊方，五黄时为引腊时。

庚申年第六元、第七元壬午日、丁亥日、癸未日、壬申日值廉贞星五黄或弼星五黄，亥方、壬方、子方、癸方为引腊时。

壬申年第四元、第五元癸卯日，三月癸未日、癸丑日值弼星三碧，或破军星三碧，或巨门星三碧，子方、癸方为引腊方，三碧时为引腊时。

乙酉年第六元、第七元壬午日、丁亥日、癸未日、丁巳日值廉贞星五黄或弼星五黄，午方、丁方、子方、癸方为引腊方，五黄时为引腊时。

丁酉年第四元甲辰日、庚戌日、庚申日，以及正月、十一月值弼星一白或文曲星一白，申方、庚方、寅方、甲方为引腊方，一白时为引腊时。

己酉年第一元、第二元丙寅日、壬申日、丙子日和十二月值辅星二黑或禄存星二黑，巳方、丙方、亥方、壬方为引腊方，二黑时为引腊时。

辛酉年第三元乙未日、辛卯日、辛丑日，以及六月、十月值辅星六白或文曲星六白，卯方、乙方、酉方、辛方为引腊方，六白时为引腊时。

癸酉年三元丙辰日、丁巳日、丙子日、丙寅日，以及十月、八月值巨门星八白或武曲星八白，巳方、丙方、午方、丁方为引腊方。

甲戌年第一元、第二元丙寅日、壬申日、丙子日和十二月值辅星二黑或禄存星二黑，巳方、丙方、亥方、壬方为引腊方，二黑时为引腊时。

丙戌年第三元辛卯日、乙未日、辛丑日，以及六月、十月值辅星六白或文曲星六白，卯方、乙方、酉方、辛方为引腊方，六白时为引腊时。

戊戌年第五元、第七元丁巳日、丙辰日、壬戌日、壬寅日值廉贞星五黄或弼星五黄，亥方、壬方、子方、癸方为引腊方。

庚戌年第六元、第七元壬午日、癸未日、丁巳日、丁亥日值廉贞星五黄或弼星五黄，亥方、壬方、子方、癸方为引腊方。

壬戌年第四元、第五元癸卯日、癸亥日、癸未日值弼星三碧，或破军星三碧，或巨门星三碧，子方、癸方为引腊方，三碧时为引腊时。

乙亥年第六元、第七元壬午日、丁亥日、癸未日、壬申日值廉贞星五黄或弼星五黄，亥方、壬方、子方、癸方为引腊方。

丁亥年第四元甲辰日、庚戌日、庚申日、甲寅日，以及正月、十一月庚午日值弼星一白，申方、庚方、寅方、甲方为引腊方。

己亥年第一元、第二元丙寅日、壬申日、丙子日和十二月值辅星二黑或禄存星二黑，巳方、丙方、亥方、壬方为引腊方，二黑时为引腊时。

辛亥年第三元乙未日、辛卯日、辛丑日，以及六月、十月值辅星六白或文曲星六白，卯方、乙方、酉方、辛方为引腊方，六白时为引腊时。

癸亥年第三元丙辰日、辛巳日、丙寅日，以及十月、八月值巨门星八白或武曲星八白，巳方、丙方、午方、丁方为引腊方，八白时为引腊时。

注释

［1］此处"癸"应为"第"字，原文抄写有误。

［2］"乙"字因与"一"字音同，水书中"乙"字不少地方指的是"一"。

六十年引腊（二）

ȶa:p⁷　hi³　ᵐbe¹　ti²　ʔjət⁷　ŋo⁴　qeŋ¹　ŋo²　van¹
甲　　子　　年　　第　　一　　五　　庚　　午　　日

甲子年第一元、第五元庚午日。

ti²　ʔjət⁷　qeŋ¹　hi³　van¹　ɕət⁷　ȶa:p⁷　ŋo²　van¹　tət⁷
第　　一　　庚　　子　　日　　七　　甲　　午　　日　　吉

第一元庚子日、第七元甲午日吉。

ȶa:p⁷　ȶi¹　ȶu³　mi²　fa:ŋ¹
甲　　己　　九　　未　　方

甲方、己方、未方为九火方。

ti² ʔjət⁷ ʔjət⁷ mi² van¹ ʔjət⁷ ma:u⁴ van¹
第 一 乙 未 日 乙 卯 日

第一元乙未日、乙卯日。

ȵum² sən² van¹ mu² ji² van¹ tət⁷
壬 辰 日 戊 寅 日 吉

壬辰日、戊寅日吉。

ti² ʔjət⁷ ȵi² qeŋ¹ hət⁷ van¹ ȵum² sən¹ van¹ ȵum² ji² van¹
第 一 二 庚 戌 日 壬 申 日 壬 寅 日

第一元、第二元庚戌日、壬申日、壬寅日。

pjeŋ³ ji² van¹ pjeŋ³ sən¹ van¹ tha:m¹ ȶu³
丙 寅 日 丙 申 日 贪 九

丙寅日、丙申日值贪狼星或九紫星。

ti² ʔjət⁷ n̠i² mu² hi³ van¹ ʈa:p⁸ hət⁷ van¹
第　一　　二　　戊　子　日　甲　戌　日

第一元、第二元戊子日、甲戌日。

pjeŋ³ hi³ van¹ n̠um² hət⁷ van¹
丙　　子　日　　壬　戌　日

丙子日、壬戌日。

mu² sən² van¹ qeŋ¹ sən¹ van¹ pjeŋ³ hət⁷ van¹
戊　辰　日　庚　申　日　丙　戌　日

戊辰日、庚申日、丙戌日。

pjeŋ³ sən² van¹ mu² sən¹ van¹ tjeŋ¹ ma:u⁴ va:n¹
丙　辰　日　戊　申　日　丁　卯　日

丙辰日、戊申日、丁卯日。

tjeŋ¹　hi⁴　van¹　ʔjət⁷　hi⁴　van¹　ʁa:i³　ljem²
丁　　巳　　日　　乙　　巳　　日　　亥　　廉

丁巳日、乙巳日亥时值廉贞星。

ʔjət⁷　su³　ᵐbe¹　ti²　ŋo⁴　qeŋ¹　ŋo²　van¹　ma:u⁴　si²
乙　　丑　　年　　第　　五　　庚　　午　　日　　卯　　时

乙丑年第五元庚午日卯时。

çən¹　mi²　van¹　ji²　ma:u⁴　si²　tət⁷
辛　　未　　日　　寅　　卯　　时　　吉

辛未日寅时、卯时吉。

çən¹　su³　van¹　tsjeŋ¹　ȵi²　ma:u⁴　van¹　ŋo²　mi²　van¹　si²　tət⁷
辛　　丑　　日　　正　　己　　卯　　日　　午　　未　　日　　时　　吉

辛丑日以及正月己卯日、午日、未日吉，己卯时、午时、未时吉。

ti²	ljok⁸	ɕət⁷	mu²	hi³	van¹	qeŋ¹	sən²	van¹
第	六	七	戊	子	日	庚	辰	日

第六元、第七元戊子日、庚辰日。

qeŋ¹	hət⁷	van¹	ta:p⁷	sən¹	van¹	pjeŋ³	hi³	van¹
庚	戌	日	甲	申	日	丙	子	日

庚戌日、甲申日、丙子日。

ȵum²	hət⁷	van¹	qeŋ¹	sən¹	van¹	mu²	sən²	van¹	mu²	hi³	van¹
壬	戌	日	庚	申	日	戊	辰	日	戊	子	日

壬戌日、庚申日、戊辰日、戊子日为引腊日。

pjeŋ³	ji²	ᵐbe¹	ti²	ȵi²	ȵum²	ŋo²	van¹	sən²	si²
丙	寅	年	第	二	壬	午	日	辰	时

丙寅年第二元壬午日辰时。

ȶui⁵ su³ van¹ sən¹ ju⁴ si² tət⁷
癸　　丑　　日　　申　　酉　　时　　吉

癸丑日申时、酉时吉。

ti² ʔjət⁷ mu² hət⁷ van¹ ŋo² si²
第　　一　　戊　　戌　　日　　午　　时

第一元戊戌日午时。

pjeŋ³ hət⁷ van¹ ma:u⁴ si² tət⁷
丙　　戌　　日　　卯　　时　　吉

丙戌日卯时吉。

ti² ha:m¹ pjeŋ³ hi³ van¹ tjen¹ su³ van¹
第　　三　　丙　　子　　日　　丁　　丑　　日

第三元丙子日、丁丑日。

ȵum² hət⁷ van¹ mu² hi³ van¹ tjeŋ¹ ma:u⁴ van¹
壬　戌　日　戊　子　日　丁　卯　日
壬戌日、戊子日、丁卯日。

ta:p⁷ sən² van¹ qeŋ¹ hi³ van¹ mu² sən¹ van¹ qeŋ¹ ŋo² van¹
甲　辰　日　庚　子　日　戊　申　日　庚　午　日
甲辰日、庚子日、戊申日、庚午日。

ȶi¹ ʁa:i³ van¹ ȵum² hi³ van¹ ɕən¹ ju⁴ van¹
己　亥　日　壬　子　日　辛　酉　日
己亥日、壬子日、辛酉日。

ta:p⁷ ŋo² van¹ ɕən¹ ʁa:i³ van¹ ɕən¹ hi⁴ van¹
甲　午　日　辛　亥　日　辛　巳　日
甲午日、辛亥日、辛巳日。

pho⁵ ɕət⁷ ljok⁸ ɕət⁷ pu² fan² ljok⁸
破　七　禄　七　辅　文　六

值破军星七赤，或禄存星七赤，或辅星六白，或文曲星六白。

tjeŋ¹ ma:u⁴ ᵐbe¹ ti² ŋo⁴ ti¹ ʁa:i³ van¹ ji² ma:u⁴ si²
丁　卯　年　第　五　己　亥　日　寅　卯　时

丁卯年第五元己亥日寅时、卯时。

ti² ljok⁸ ta:p⁷ sən² van¹ ma:u⁴ si²
第　六　甲　辰　日　卯　时

第六元甲辰日卯时。

ȵum² hi³ van¹ sən² si² tət⁷
壬　子　日　辰　时　吉

壬子日辰时吉。

ti² hi⁵ ȵum² ji² van¹ ta:p⁷ ŋo² van¹
第　四　　　　壬　寅　日　甲　午　日

第四元壬寅日、甲午日。

qeŋ¹ sən² van¹ ɕən¹ ʁa:i³ van¹ qeŋ¹ hi³ van¹
庚　辰　日　辛　亥　日　庚　子　日

庚辰日、辛亥日、庚子日。

mu² sən¹ van¹ pjeŋ³ sən² van¹ ȶi¹ hi⁴ van¹
戊　申　日　丙　辰　日　己　巳　日

戊申日、丙辰日、己巳日为引腊日。

ɕən⁷ tjeŋ¹ mi² van¹ pjeŋ³ hi³ van¹ ȵum² hət⁷ van¹ mu² hi³ van¹ ȶui⁵ ma:u⁴ van¹
七　丁　未　日　丙　子　日　壬　戌　日　戊　子　日　癸　卯　日

七月丁未日、丙子日、壬戌日、戊子日、癸卯日。

fan²	ljok⁸	pjət⁸	ʔjət⁷	fan²	ʔjət⁷	fan²	pu²	ljok⁸
文	六	弼	一	文	一	文	辅	六

值文曲星六白，或弼星一白，或文曲星一白，或辅星六白。

mu²	sən²	ᵐbe¹	ti²	ŋo⁴	ȶi¹	ma:u⁴	van¹	ŋo²	si²
戊	辰	年	第	五	己	卯	日	午	时

戊辰年第五元己卯日午时。

qeŋ¹	ŋo²	van¹	ji²	ma:u⁴	si²
庚	午	日	寅	卯	时

庚午日寅时、卯时。

ɕət⁷	mu²	hət⁷	van¹	ȶət⁷	ma:u⁴	sən²	sən²
七	戊	戌	日	吉	卯	辰	时

七月戊戌日卯时、辰时吉。

水书 引腊备要卷

tu³　qeŋ¹　hi³　van¹　mu²　hi³　van¹　tət⁷
九　　庚　　子　　日　　戊　　子　　日　　吉

九月庚子日、戊子日吉。

ta:p⁷　hət⁷　tui⁵　ka:i³　van¹
甲　　戌　　癸　　亥　　日

甲戌日、癸亥日为引腊日。

ti²　ljok⁸　cət⁷　ta:p⁸　ji²　van¹　pjeŋ³　hi³　van¹
第　　六　　七　　甲　　寅　　日　　丙　　子　　日

第六元、第七元甲寅日、丙子日。

pjeŋ³　ŋo²　van¹　ta:p⁸　ŋo²　van¹　qeŋ¹　ŋo²　van¹
丙　　午　　日　　甲　　午　　日　　庚　　午　　日

丙午日、甲午日、庚午日。

mu² ŋo² van¹ ȶa:p⁷ sən² van¹ ȶa:p⁷ hi³ van¹
戊　午　日　甲　辰　日　甲　子　日

戊午日、甲辰日、甲子日。

ȶa:p⁷ ŋo² van¹ ȶui⁵ ju⁴ van¹ ȶui⁵ su³ van¹
甲　午　日　癸　酉　日　癸　丑　日

甲午日、癸酉日、癸丑日。

mu² sən² van¹ ȶui⁵ mi² van¹ mu² hət⁷ van¹ ljem² pjət⁸ ŋo⁴
戊　辰　日　癸　未　日　戊　戌　日　廉　弼　五

戊辰日、癸未日、戊戌日值廉贞星五黄或弼星五黄。

ȶi¹ hi⁴ ᵐbe¹ ȶi² ŋo⁴ ȶi¹ ʁa:i³ van¹ ŋo² si²
己　巳　年　第　五　己　亥　日　午　时

己巳年第五元己亥日午时。

ha:m¹　ʈi¹　hi⁴　van¹　sən²　si²
三　　己　　巳　　日　　辰　　时

三月己巳日辰时。

hi⁵　ɕən¹　ma:u⁴　van¹　mi²　si²　tət⁷
四　　辛　　卯　　　日　　未　　时　　吉

四月辛卯日未时吉。

ɕən¹　su³　van¹　ma:u⁴　si²
辛　　丑　　日　　卯　　　时

辛丑日卯时。

ʈi¹　su³　van¹　ŋo²　mi²　si²　tət⁷
己　　丑　　日　　午　　未　　时　　吉

己丑日午时、未时吉。

ti² ʔjət⁷ n̻i² pjeŋ³ ji² van¹ mu² hi³ van¹
第　一　二　丙　寅　日　戊　子　日

第一元、第二元丙寅日、戊子日。

ta:p⁷ hət⁷ van¹ n̻um² sən¹ van¹ ta:p⁷ ŋo² van¹
甲　戌　日　壬　申　日　甲　午　日

甲戌日、壬申日、甲午日。

qeŋ¹ sən² van¹ ɕən¹ ju⁴ van¹
庚　辰　日　辛　酉　日

庚辰日、辛酉日。

n̻um² hi³ van¹ qeŋ¹ ji² van¹ pjeŋ³ ŋo² van¹ tjeŋ¹ mi² van¹
壬　子　日　庚　寅　日　丙　午　日　丁　未　日

壬子日、庚寅日、丙午日、丁未日。

ȵum² hət⁷ van¹　mu² sən¹ van¹　mu² sən² van¹　pjen³ hət⁷ van¹
壬　戌　日　　戊　申　日　　戊　辰　日　　丙　戌　日

壬戌日、戊申日、戊辰日、丙戌日。

tha:m¹　tu³　ljem²　ljem²　tu³　pu²　ȵi²
贪　　九　　廉　　廉　　九　　辅　　二

值贪狼星九紫，或廉贞星九紫，或辅星二黑。

qeŋ¹　ŋo²　ᵐbe¹　ti²　ŋo⁴　qeŋ¹　ŋo²　van¹
庚　　午　　年　　第　　五　　庚　　午　　日

庚午年第五元庚午日。

sup⁸　ʔjət⁷　qeŋ¹　ji²　van¹　ma:u⁴　si²　tət⁷
十　　一　　庚　　寅　　日　　卯　　时　　吉

十一月庚寅日卯时吉。

ti² ȵi² ȵum² ŋo² van¹ ju⁴ si²
第 二 壬 午 日 酉 时

第二元壬午日酉时。

sup⁸ ȵui⁵ mi² van¹ sən² si² tət⁷
十 癸 未 日 辰 时 吉

十月癸未日辰时吉。

ti² ljok⁸ ɕət⁷ ʔjət⁷ ʁa:i³ van¹ tjeŋ¹ ma:u⁴ van¹
第 六 七 乙 亥 日 丁 卯 日

第六元、第七元乙亥日、丁卯日。

mu² hi³ van¹ ʔjət⁷ hi⁴ van¹ ȶi¹ hi⁴ van¹
戊 子 日 乙 巳 日 己 巳 日

戊子日、乙巳日、己巳日。

mu² ŋo² van¹ pjeŋ³ hi³ van¹ pjeŋ³ ŋo² van¹
戊　午　日　丙　子　日　丙　午　日
戊午日、丙子日、丙午日。

tjeŋ¹ mi² van¹ n̩um² hət⁷ van¹ tui⁵ ɕa:i³ van¹ ɕən¹ hi⁴ van¹
丁　未　日　壬　戌　日　癸　亥　日　辛　巳　日
丁未日、壬戌日、癸亥日、辛巳日。

fu⁴ pa:t⁷ tu² pa:t⁷ lje:m² pjət⁸ ŋo⁴
武　八　巨　八　廉　弼　五
值武曲星八白，或巨门星八白，或廉贞星五黄，或弼星五黄。

ɕən² mi² ᵐbe¹ ti⁵ n̩i² ɕən¹ ma:u⁴ van¹ ma:u⁴ van¹ si²
辛　未　年　第　二　辛　卯　日　卯　日　时
辛未年第二元辛卯日卯时。

çon¹ mi² van¹ ʨi¹ ma:u⁴ van¹ ŋo² mi² si²
辛　 未　 日　 己　 卯　 日　 午　 未　 时

辛未日、己卯日午时、未时。

ti² ʔjət⁷ çon¹ ʁa:i³ van¹ tət⁷
第　 一　 辛　 亥　 日　 吉

第一元辛亥日吉。

ti² ha:m¹ ʨa:p⁷ ŋo² van¹ ʔjət⁷ su³ van¹ qeŋ¹ sən² van¹
第　 三　 甲　 午　 日　 乙　 丑　 日　 庚　 辰　 日

第三元甲午日、乙丑日、庚辰日。

pjeŋ³ ŋo² van¹ ȵum² sən² van¹ mu² hi³ van¹ ʔjət⁷ ma:u⁴ van¹
丙　 午　 日　 壬　 辰　 日　 戊　 子　 日　 乙　 卯　 日

丙午日、壬辰日、戊子日、乙卯日。

水书引腊备要卷

163

pho⁵ ɕət⁷ ljok⁸ ɕət⁷ pu² ljok⁸ fan² ljok⁸ ŋo⁴ si²
破　七　禄　七　辅　六　文　禄　五　时

值破军星七赤，或禄存星七赤，或辅星六白，或文曲星五黄，或禄存星五黄。

ȵum² sən² ᵐbe¹ ti² ȵi² ȵum² hi³ van¹ sən¹ ju⁴ si²
壬　申　年　第　二　壬　子　日　申　酉　时

壬申年第二元壬子日申时、酉时。

ȵum² sən² van¹ ma:u⁴ ju⁴ si²
壬　辰　日　卯　酉　时

壬辰日卯时、酉时。

ti² ljok⁸ tui⁵ ma:u⁴ van¹ ma:u⁴ sən² si² tət⁷
第　六　癸　卯　日　卯　辰　时　吉

第六元癸卯日卯时、辰时吉。

ti² hi⁵ ŋo⁴ ta:p⁷ ŋo² van¹ pjeŋ³ hi³ van¹
第 四 五 甲 午 日 丙 子 日

第四元、第五元甲午日、丙子日。

ȶui⁵ su³ van¹ ɕən¹ ʁa:i³ van¹ ta:p⁷ sən² van¹ qeŋ¹ hət⁷ van¹
癸 丑 日 辛 亥 日 甲 辰 日 庚 戌 日

癸丑日、辛亥日、甲辰日、庚戌日。

ȵum² hət⁷ van¹ fan² ljok⁸ pu² ljok⁸ ȶu² ha:m¹ si²
壬 戌 日 文 六 辅 六 巨 三 时

壬戌日值文曲星六白，或辅星六白，或巨门星三碧。

ȶui⁵ ju⁴ ᵐbe¹ ti² hi⁵ ɕən¹ su³ van¹ ma:u⁴ si²
癸 酉 年 第 四 辛 丑 日 卯 时

癸酉年第四元辛丑日卯时。

ti² ljok⁸ ʔjət⁷ ma:u⁴ van¹ ma:u⁴ sən² si²
第 六 乙 卯 日 卯 辰 时

第六元乙卯日卯时、辰时。

ti² ŋo⁴ qen¹ ŋo² van¹ ma:u⁴ si² tət⁷
第 五 庚 午 日 卯 时 吉

第五元庚午日卯时吉。

ti² ha:m¹ ta:p⁷ ji² van¹ tjeŋ¹ mi² van¹
第 三 甲 寅 日 丁 未 日

第三元甲寅日、丁未日。

mu² ŋo² van¹ ta:p⁷ hi³ van¹ pjeŋ³ hi³ van¹
戊 午 日 甲 子 日 丙 子 日

戊午日、甲子日、丙子日。

ȶa:p⁷ hət⁷ van¹ qeŋ¹ sən¹ van¹ qeŋ¹ sən² van¹ ȶui⁵ ʁa:i³ van¹
甲　戌　日　庚　申　日　庚　辰　日　癸　亥　日

甲戌日、庚申日、庚辰日、癸亥日。

ljem² ŋo⁴ pjət⁸ ŋo⁴
廉　　五　　粥　　五

值廉贞星五黄或粥星五黄。

ȶa:p⁷ hət⁷ ᵐbe¹ ti² ha:m¹ mu² hət⁷ van¹ mi² si²
甲　戌　年　第　三　戊　戌　日　未　时

甲戌年第三元戊戌日未时。

mu² ŋo² van¹ sən¹ ju⁴ si²
戊　午　日　申　酉　时

戊午日申时、酉时。

167

水书 引腊备要卷

ti² ljok⁸ pjeŋ³ ji² van¹ ma:u⁴ si² tət⁷
第 六 丙 寅 日 卯 时 吉

第六元丙寅日卯时吉。

ti² ʔjət⁷ ȵi² ȵum² hət⁷ van¹ pjeŋ³ hi³ van¹ ȵum² sən¹ van¹
第 一 二 壬 戌 日 丙 子 日 壬 申 日

第一元、第二元壬戌日、丙子日、壬申日。

qeŋ¹ ŋo² van¹ ta:p⁷ hi³ van¹ tjeŋ¹ su³ van¹ qeŋ¹ sən² van¹
庚 午 日 甲 子 日 丁 丑 日 庚 辰 日

庚午日、甲子日、丁丑日、庚辰日。

tha:m¹ tu³ ljem² tu³ pu² ȵi²
贪 九 廉 九 辅 二

值贪狼星九紫，或廉贞星九紫，或辅星二黑。

ʔjət⁷ ʁa:i³ ᵐbe¹ ti² ɲi² ʨi¹ ʁa:i³ van¹ ɕən¹ ma:u⁴ van¹ ju⁴ si²
乙 亥 年 第 二 己 亥 日 辛 卯 日 酉 时

乙亥年第二元己亥日、辛卯日酉时。

ti² hi⁵ sup⁸ sup⁸ ʨui⁵ mi² ju⁴ ma:u⁴ si² tət⁷
第 四 十 癸 未 日 酉 卯 时 吉

十月第四元癸未日酉时、卯时吉。

ti² ljok⁸ ɕət⁷ qeŋ¹ sən² van¹ qeŋ¹ hət⁷ van¹ tu²
第 六 七 庚 辰 日 庚 戌 日 巨

第六元、第七元庚辰日、庚戌日值巨门星。

ʨui⁵ ʁa:i³ van¹ pjeŋ³ hət⁷ van¹ pjeŋ³ ŋo² van¹
癸 亥 日 丙 戌 日 丙 午 日

癸亥日、丙戌日、丙午日。

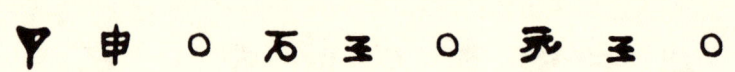

ȶa:p⁷ sən¹ van¹ pjeŋ³ hi³ van¹ qeŋ¹ hi³ van¹
甲　申　日　丙　子　日　庚　子　日

甲申日、丙子日、庚子日。

ȶa:p⁸ hət⁷ van¹ fu⁴ pa:t⁷ ȶu² pa:t⁷
甲　戌　日　武　八　巨　八

甲戌日值武曲星八白或巨门星八白。

pjeŋ³ hi³ ᵐbe¹ ti² ljok⁸ ȶa:p⁷ ŋo² van¹ ŋo² mi² si²
丙　子　年　第　六　甲　午　日　午　未　时

丙子年第六元甲午日午时、未时。

sup⁸ ȵum² sən² van¹ ma:u⁴ sən² si²
十　壬　辰　日　卯　辰　时

十月壬辰日卯时、辰时。

ti²	hi⁵	pjeŋ³	hi³	van¹	hi³	su³	si²	tət⁷
第	四	丙	子	日	子	丑	时	吉

第四元丙子日子时、丑时吉。

ti²	ha:m¹	qeŋ¹	ji²	van¹	ȵum²	ŋo²	van¹	qeŋ¹	sən¹	van¹
第	三	庚	寅	日	壬	午	日	庚	申	日

第三元庚寅日、壬午日、庚申日。

pjeŋ³	sən¹	van¹	mu²	hət⁷	van¹	ʔjət⁷	mi²	van¹
丙	申	日	戊	戌	日	乙	未	日

丙申日、戊戌日、乙未日。

qeŋ¹	hət⁷	van¹	mu²	sən¹	van¹	çən¹	hi⁴	van¹	pho⁵	çət⁷	ljok⁸	çət⁷
庚	戌	日	戊	申	日	辛	巳	日	破	七	禄	七

庚戌日、戊申日、辛巳日值破军星七赤或禄存星七赤。

水书引腊备要卷

tjeŋ¹ su³ ᵐbe¹ ti² ŋo⁴ qeŋ¹ ŋo² van¹ ma:u⁴ si²
丁　丑　年　第　五　庚　午　日　卯　时

丁丑年第五元庚午日卯时。

ti² ȵi² ɕən¹ mi² van¹ ŋo² si²
第　二　辛　未　日　午　时

第二元辛未日午时。

ȶi¹ ma:u⁴ van¹ ȶi¹ mi² van¹ si² tət⁷
己　卯　日　己　未　日　时　吉

己卯日、己未日己卯时、己未时吉。

ti² hi⁵ qeŋ¹ sən¹ van¹ mu² sən¹ van¹
第　四　庚　申　日　戊　申　日

第四元庚申日、戊申日。

ȵum² sən¹ van¹ ɕən¹ hi⁴ van¹ ɕən¹ ʁa:i³ van¹
壬　申　日　辛　巳　日　辛　亥　日

壬申日、辛巳日、辛亥日。

ȵum² hi³ van¹ ta:p⁷ ji² van¹ mu² hi³ van¹ pjeŋ³ ji² van¹
壬　子　日　甲　寅　日　戊　子　日　丙　寅　日

壬子日、甲寅日、戊子日、丙寅日。

fan² ljok⁸ ʔjət⁷ fan² ʔjət⁷ pjət⁸ ʔjət⁷
文　六　一　文　一　弼　一

值文曲星六白，或文曲星一白，或弼星一白。

mu² ji² ᵐbe¹ ti² ŋo⁴ qeŋ¹ ŋo² van¹ ma:u⁴ si²
戊　寅　年　第　五　庚　午　日　卯　时

戊寅年第五元庚午日卯时。

ti²	ȵi²	ȵum²	ŋo²	van¹	ȵum²	ji²	van¹	sən¹	ju⁴	si²	tət⁷
第	二	壬	午	日	壬	寅	日	申	酉	时	吉

第二元壬午日、壬寅日申时、酉时吉。

ti²	ȵi²	pjeŋ³	hət⁷	van¹	hət⁷	ʁa:i³	van¹	si²	tət⁷	tət⁷	tət⁷
第	二	丙	戌	日	戌	亥	日	时	吉	吉	吉

第二元丙戌日、戌日、亥日和戌时、亥时大吉。

ti²	ljok⁸	ɕət⁷	ta:p⁷	ji²	van¹	pjeŋ³	ŋo²	van¹
第	六	七	甲	寅	日	丙	午	日

第六元、第七元甲寅日、丙午日。

pjeŋ³	hi³	van¹	ȵum²	hət⁷	van¹	mu²	hi³	van¹
丙	子	日	壬	戌	日	戊	子	日

丙子日、壬戌日、戊子日。

mu² ŋo² van¹ ʔjət⁷ mi² van¹ tjeŋ¹ mi² van¹
戊 午 日 乙 未 日 丁 未 日

戊午日、乙未日、丁未日。

ȶa:p⁷ hi³ van¹ qeŋ¹ sən² van¹ qeŋ¹ sən¹ van¹ ljem² ŋo⁴ pjət⁸ ŋo⁴
甲 子 日 庚 辰 日 庚 申 日 廉 五 弼 五

甲子日、庚辰日、庚申日值廉贞星五黄或弼星五黄。

ȶi¹ ma:u⁴ ᵐbe¹ ȶi² ŋo⁴ ȶi¹ ʁa:i³ van¹ ŋo² mi² si²
己 卯 年 第 五 己 亥 日 午 未 时

己卯年第五元己亥日午时、未时。

qeŋ¹ ŋo² van¹ ma:u⁴ si² tət⁷
庚 午 日 卯 时 吉

庚午日卯时吉。

ti² ȵi² ʈi¹ ju⁴ van¹ ŋo² mi² si²
第　二　己　酉　日　午　未　时

第二元己酉日午时、未时。

ɕən¹ ma:u⁴ van¹ sən² si² tɕt⁷ tɕt⁷
辛　卯　日　辰　时　吉　吉

辛卯日辰时大吉。

ti² ʔjət⁷ ȵi² pjeŋ¹ ji² van¹ mu² hi³ van¹
第　一　二　丙　寅　日　戊　子　日

第一元、第二元丙寅日、戊子日。

ʈi¹ su³ van¹ ȵum² sən² van¹ ta:p⁷ hət⁷ van¹ pjeŋ³ hi³ van¹
己　丑　日　壬　申　日　甲　戌　日　丙　子　日

己丑日、壬申日、甲戌日、丙子日。

tjeŋ¹ su³ van¹ ȵi¹ mi² van¹ qeŋ¹ sən¹ van¹ pjen³ hət⁷ van¹
丁　丑　日　己　未　日　庚　申　日　丙　戌　日

丁丑日、己未日、庚申日、丙戌日。

tha:m¹ ȶu³ ljem² ȶu³ pu² ȵi²
贪　　九　廉　　九　辅　二

值贪狼星九紫，或廉贞星九紫，或辅星二黑。

qeŋ¹ sən² mbe¹ ti² ŋo⁴ qeŋ¹ hi³ van¹ ma:u⁴ si²
庚　辰　年　第　五　庚　子　日　卯　时

庚辰年第五元庚子日卯时。

ti² ȵi² qeŋ¹ sən¹ van¹ ɕən¹ mi² van¹ ma:u⁴ si²
第　二　庚　申　日　辛　未　日　卯　时

第二元庚申日、辛未日卯时。

水书 引腊备要卷

ti²	ha:m¹	pjeŋ³	sən²	van¹	ȵum²	sən²	van¹	tət⁷
第	三	丙	辰	日	壬	辰	日	吉

第三元丙辰日、壬辰日吉。

ti²	ljok⁸	ɕət⁷	mu²	ji²	van¹	mu²	hi³	van¹
第	六	七	戊	寅	日	戊	子	日

第六元、第七元戊寅日、戊子日。

qeŋ¹	sən²	van¹	ta:p⁷	sən¹	van¹	ʔjət⁷	ju⁴	van¹
庚	辰	日	甲	申	日	乙	酉	日

庚辰日、甲申日、乙酉日。

ti¹	su³	van¹	qeŋ¹	sən¹	van¹	mu²	sən¹	van¹
己	丑	日	庚	申	日	戊	申	日

己丑日、庚申日、戊申日。

pjeŋ³	hi³	van¹	ʔjət⁷	su³	van¹	tu²	pa:t⁷	fu⁴	pa:t⁷
丙	子	日	乙	丑	日	巨	八	武	八

丙子日、乙丑日值巨门星八白或武曲星八白。

çən¹	hi³	ᵐbe¹	ti²	ʔjət⁷	qeŋ¹	ŋo²	van¹	ma:u⁴	si²
辛	巳	年	第	一	庚	午	日	卯	时

辛巳年第一元庚午日卯时。

ti²	ɲi²	tjeŋ¹	ʁa:i³	van¹	sən¹	ju⁴	si²	tət⁷
第	二	丁	亥	日	申	酉	时	吉

第二元丁亥日申时、酉时吉。

ti²	ljok⁸	ɲum²	ji²	van¹	sən¹	ju⁴	si²
第	六	壬	寅	日	申	酉	时

第六元壬寅日申时、酉时。

¢ən¹ mi² van¹ ma:u⁴ si² tət⁷ tət⁷
辛 未 日 卯 时 吉 吉

辛未日卯时大吉。

ti² ljok⁸ ¢ən¹ su³ van¹ ma:u⁴ si²
第 六 辛 丑 日 卯 时

第六元辛丑日卯时。

qeŋ¹ hi³ van¹ ma:u⁴ si²
庚 子 日 卯 时

庚子日卯时。

ti² ha:m¹ ¢ən¹ ma:u⁴ van¹ tɕi¹ ʁa:i³ van¹
第 三 辛 卯 日 己 亥 日

第三元辛卯日、己亥日。

ʔjət⁷ mi² van¹　mu² hət⁷ van¹　ta:p⁷ ŋo² van¹　pjeŋ³ sən² van¹
乙　未　日　　戊　戌　日　　甲　午　日　　丙　申　日

乙未日、戊戌日、甲午日、丙申日。

mu² hi³ van¹　pjeŋ³ hi³ van¹　tui⁵ ʁa:i³ van¹　ɕən¹ ju⁴ van¹
戊　子　日　　丙　子　日　　癸　亥　日　　辛　酉　日

戊子日、丙子日、癸亥日、辛酉日。

pho⁵ ɕət⁷ ljok⁸ ɕət⁷
破　七　禄　七

值破军星七赤或禄存星七赤。

ȵum² ŋo² ᵐbe¹ ti² ȵi² ȵum² ŋo² van¹ sən¹ ju⁴ si²
壬　午　年　第　二　壬　午　日　申　酉　时

壬午年第二元壬午日申时、酉时。

ti² ljok⁸ ɲum² ji² van¹ ju⁴ si²
第 六   壬   寅 日   酉 时

第六元壬寅日酉时。

pjeŋ³ hət⁷ van¹ hət⁷ ʁa:i³ si² tət⁷
丙   戌   日   戌   亥   时 吉

丙戌日戌时、亥时吉。

ti² ŋo⁴ ti² hi⁵ ŋo⁴ ʔjət⁷ hi⁴ van¹ pjeŋ³ ŋo² van¹
第   五 第   四 五   乙   巳   日   丙   午   日

第五元、第四元乙巳日、丙午日。

tjeŋ¹ mi² van¹ pjeŋ³ hi³ van¹ qeŋ¹ sən² van¹
丁   未   日   丙   子 日   庚   辰   日

丁未日、丙子日、庚辰日。

ɕən¹ ʁa:i³ van¹ ʨui⁵ ʁa:i³ van¹ ȵum² sən¹ van¹ ʨa:p⁷ ŋo² van¹
辛 亥 日 癸 亥 日 壬 申 日 甲 午 日

辛亥日、癸亥日、壬申日、甲午日。

fan² ljok⁸ pho⁵ ha:m¹
文 六 破 三

值文曲星六白或破军星三碧。

ʨui⁵ mi² ᵐbe¹ ti² ȵi² ɕən¹ ʁa:i³ van¹ sən¹ ju⁴ si²
癸 未 年 第 二 辛 亥 日 申 酉 时

癸未年第二元辛亥日申时、酉时。

ʈi¹ ma:u⁴ van¹
己 卯 日

己卯日。

ti²	ȵi²	ɕən¹	ma:u⁴	van¹	ŋo²	si²	
第	二	辛	卯	日	午	时	

第二元辛卯日午时。

ti²	ŋo⁴	ɕən¹	mi²	van¹	ma:u⁴	si²	tət⁷
第	五	辛	未	日	卯	时	吉

第五元辛未日卯时吉。

ti²	ha:m¹	ȶa:p⁷	ji²	van¹	ʔjət⁷	ma:u⁴	van¹
第	三	甲	寅	日	乙	卯	日

第三元甲寅日、乙卯日。

mu²	ŋo²	van¹	ȵum²	hət⁷	van¹	ȶa:p⁷	hi³	van¹	ȶi¹	mi²	van¹
戊	午	日	壬	戌	日	甲	子	日	己	未	日

戊午日、壬戌日、甲子日、己未日。

qeŋ¹ ji² van¹ pjeŋ³ ŋo² van¹ pjeŋ³ hi³ van¹ ljem² ŋo⁴ pjət⁸ ŋo⁴
庚　寅　日　丙　午　日　丙　子　日　廉　五　弼　五

庚寅日、丙午日、丙子日值廉贞星五黄或弼星五黄。

ȶa:p⁷ sən¹ ᵐbe¹ ti² ŋo⁴ qeŋ¹ hi³ van¹ qeŋ¹ ŋo² van¹ ma:u⁴ si²
甲　申　年　第　五　庚　子　日　庚　午　日　卯　时

甲申年第五元庚子日、庚午日卯时。

ti² hi⁵ ȶui⁵ mi² van¹ mi² si² tət⁷
第　四　癸　未　日　未　时　吉

第四元癸未日未时吉。

tjeŋ¹ ma:u⁴ van¹ sən² si²
丁　卯　日　辰　时

丁卯日辰时。

ti² ljok⁸ ta:p⁷ sən² van¹ ma:u⁴ si² tət⁷ tət⁷
第 六 甲 辰 日 卯 时 吉 吉

第六元甲辰日卯时大吉。

ti² ʔjət⁷ ɲi² pjeŋ³ hi³ van¹ ɲum² sən¹ van¹
第 一 二 丙 子 日 壬 申 日

第一元、第二元丙子日、壬申日。

ʔjət⁷ mi² van¹ ta:p⁷ hət⁷ van¹ mu² sən² van¹
乙 未 日 甲 戌 日 戊 辰 日

乙未日、甲戌日、戊辰日。

ti² hi⁴ van¹ tjeŋ¹ mi² van¹ pjeŋ³ hət⁷ van¹ tha:m¹ tu³ ljem² tu³
己 巳 日 丁 未 日 丙 戌 日 贪 九 廉 九

己巳日、丁未日、丙戌日值贪狼星九紫或廉贞星九紫。

ʔjət⁷	ju⁴	ᵐbe¹	ti²	ŋo⁴	qeŋ¹	ŋo²	van¹	ma:u⁴	si²
乙	酉	年	第	五	庚	午	日	卯	时

乙酉年第五元庚午日卯时。

ti²	ha:m¹	ɲum²	sən²	van¹	sən¹	ju⁴	si²
第	三	壬	辰	日	申	酉	时

第三元壬辰日申时、酉时。

ʔjət⁷	ma:u⁴	van¹	ma:u⁴	si²	tət⁷
乙	卯	日	卯	时	吉

乙卯日卯时吉。

ti²	ŋo⁴	ɕən¹	mi²	van¹	ma:u⁴	si²	ŋo²	mi²	si²	tət⁷	tət⁷
第	五	辛	未	日	卯	时	午	未	时	吉	吉

第五元辛未日卯时、午时、未时大吉。

水书 引腊备要卷

ti²	ljok⁸	ɕət⁷	qeŋ¹	sən²	van¹	ʈui⁵	ju⁴	van¹
第	六	七	庚	辰	日	癸	酉	日

第六元、第七元庚辰日、癸酉日。

ȵum²	ŋo²	van¹	tjeŋ¹	ʁa:i³	van¹	tjeŋ¹	mi²	van¹	ʈui⁵	su³	van¹
壬	午	日	丁	亥	日	丁	未	日	癸	丑	日

壬午日、丁亥日、丁未日、癸丑日。

mu²	sən¹	van¹	mu²	hi³	van¹	ʔjət⁷	ʁa:i³	van¹	ʈu²	pa:t⁷	fu⁴	pa:t⁷
戊	申	日	戊	子	日	乙	亥	日	巨	八	武	八

戊申日、戊子日、乙亥日值巨门星八白或武曲星八白。

pjen³	hət⁷	ᵐbe¹	ti²	ljok⁸	qeŋ¹	ŋo²	van¹	ma:u⁴	si²
丙	戌	年	第	六	庚	午	日	卯	时

丙戌年第六元庚午日卯时。

tjeŋ¹　ʁa:i³　van¹　sən¹　ju⁴　si²　tət⁷
丁　　亥　　日　　申　　酉　　时　　吉

丁亥日申时、酉时吉。

ti²　hi⁵　pjeŋ³　sən²　van¹
第　　四　　丙　　辰　　日

第四元丙辰日。

ti²　ljok⁸　qeŋ¹　hi³　van¹　ma:u⁴　si²　pjeŋ³　ji²　van¹　tət⁷
第　　六　　庚　　子　　日　　卯　　时　　丙　　寅　　日　　吉

第六元庚子日卯时、丙寅日吉。

ti²　ha:m¹　ta:p⁷　ŋo²　van¹　ʔjət⁷　mi²　van¹
第　　三　　甲　　午　　日　　乙　　未　　日

第三元甲午日、乙未日。

pjeŋ³ hi³ van¹　pjeŋ³ ŋo² van¹　pjeŋ³ sən¹ van¹
丙　子　日　　丙　午　日　　丙　申　日

丙子日、丙午日、丙申日。

ȶa:p⁷ hət⁷ van¹　mu² hi³ van¹　ȵum² hi³ van¹　pho⁵ ɕot⁷ ljok⁸ ɕot⁷
甲　戌　日　　戊　子　日　　壬　子　日　　破　七　禄　七

甲戌日、戊子日、壬子日值破军星七赤或禄存星七赤。

tjeŋ¹ ʁa:i³ ᵐbe¹　ti² ha:m¹ ȶui⁵　mi² van¹　mi² si²
丁　亥　年　　第　三　　癸　未　日　未　时

丁亥年第三元癸未日未时。

ti² ljok⁸　tjeŋ¹ ʁa:i³ van¹　su³ si²
第　六　　丁　亥　日　　丑　时

第六元丁亥日丑时。

tjeŋ¹　hi⁴　van¹　su³　si²　ȶi¹　ma:u⁴　van¹　mi²　si²　tət⁷
丁　　巳　　日　　丑　　时　　己　　卯　　日　　未　　时　　吉

丁巳日丑时、己卯日未时吉。

ti²　hi⁵　ta:p⁷　sən²　van¹　pjeŋ³　ŋo²　van¹
第　　四　　甲　　辰　　日　　丙　　午　　日

第四元甲辰日、丙午日。

tjeŋ¹　mi²　van¹　mu²　sən¹　qeŋ¹　hət⁷　van¹　ȶi¹　su³　van¹
丁　　未　　日　　戊　　申　　庚　　戌　　日　　己　　丑　　日

丁未日、戊申日、庚戌日、己丑日。

ȵum²　sən¹　van¹　ȵum²　ji²　van¹　ȵum²　hət⁷　van¹
壬　　申　　日　　壬　　寅　　日　　壬　　戌　　日

壬申日、壬寅日、壬戌日。

ȶa:p⁷　hi³　van¹　fan²　ljok⁸　pjət⁸　ʔjət⁷
甲　　子　　日　　文　　六　　弼　　一

甲子日值文曲星六白或弼星一白。

mu²　hi³　ᵐbe¹　ti²　ljok⁸　pjeŋ³　sən²　van¹　ȵum²　ŋo²　van¹　sən²　si²
戊　　子　　年　　第　　六　　丙　　辰　　日　　壬　　午　　日　　辰　　时

戊子年第六元丙辰日、壬午日辰时。

mu²　sən²　van¹　ȵum²　hi³　van¹　sən²　si²　ȶət⁷
戊　　辰　　日　　壬　　子　　日　　辰　　时　　吉

戊辰日、壬子日辰时吉。

ti²　ljok⁸　mu²　ŋo²　van¹　hi³　su³　si²
第　　六　　戊　　午　　日　　子　　丑　　时

第六元戊午日子时、丑时。

ȶa:p⁷ sən² van¹ ma:u⁴ si²
甲　辰　日　卯　时

甲辰日卯时。

sup⁸ qeŋ¹ hi³ van¹ hət⁷ ʁa:i³ si² tət⁷
十　庚　子　日　戌　亥　时　吉

十月庚子日戌时、亥时吉。

ti² ljok⁸ ɕən⁷ ȶa:p⁷ ji¹ van¹ ȵum² hət⁷ van¹
第　六　七　甲　寅　日　壬　戌　日

第六元、第七元甲寅日、壬戌日。

ʔjət⁷ ma:u⁴ van¹ tjeŋ¹ hi⁴ van¹ pjeŋ³ hi³ van¹
乙　卯　日　丁　巳　日　丙　子　日

乙卯日、丁巳日、丙子日。

水书 引腊备要卷

tui⁵ ʁa:i³ van¹ ʔjət⁷ su³ van¹ qeŋ¹ sən² van¹ ljem² ŋo⁴ pjət⁸ ŋo⁴
癸 亥 日 乙 丑 日 庚 辰 日 廉 五 弼 五

癸亥日、乙丑日、庚辰日值廉贞星五黄或弼星五黄。

ti¹ su³ ᵐbe¹ ti² ŋo⁴ ti¹ ʁa:i³ van¹ ma:u⁴ si²
己 丑 年 第 五 己 亥 日 卯 时

己丑年第五元己亥日卯时。

ȵum² ŋo² van¹ mi² si² tət⁷
壬 午 日 未 时 吉

壬午日未时吉。

ti² ȵi² ȶi¹ mi² van¹ sən² si²
第 二 己 未 日 辰 时

第二元己未日辰时。

ti² ha:m¹ ɕən¹ hi⁴ van¹ ma:u⁴ si² tət⁷
第　三　辛　巳　日　卯　时　吉

第三元辛巳日卯时吉。

ti² ʔjət⁷ n̠i² qeŋ¹ ji² van¹ pjeŋ³ ji² van¹
第　一　二　庚　寅　日　丙　寅　日

第一元、第二元庚寅日、丙寅日。

n̠um² sən² van¹ pjeŋ³ hi³ van¹ mu² ji² van¹ ȶi² su³ van¹
壬　申　日　丙　子　日　戊　寅　日　己　丑　日

壬申日、丙子日、戊寅日、己丑日。

n̠um² hi³ van¹ n̠um² sən² van¹ ʔjət⁷ ʁa:i³ van¹
壬　子　日　壬　辰　日　乙　亥　日

壬子日、壬辰日、乙亥日。

ȶa:p⁷	sən²	van¹	mu²	ŋo²	van¹	tha:m¹	tu³
甲	辰	日	戊	午	日	贪	九

甲辰日、戊午日值贪狼星九紫。

qeŋ¹	ji²	ᵐbe¹	ti²	ȵi²	ȵum²	ŋo²	van¹	sən¹	ju⁴	si²
庚	寅	年	第	二		壬	午	日	申	酉	时

庚寅年第二元壬午日申时、酉时。

ti²	ha:m¹	pjeŋ³	hət⁷	van¹	ma:u⁴	si²	tət⁷
第	三	丙	戌	日	卯	时	吉

第三元丙戌日卯时吉。

hi⁵	mu²	hət⁷	van¹	sən²	si²
四	戊	戌	日	辰	时

四月戊戌日辰时。

tsjeŋ¹	ti²	ljok⁸	ʈui⁵	ma:u⁴	van¹	sən²	si²	tət⁷	tət⁷
正	第	六	癸	卯	日	辰	时	吉	吉

正月第六元癸卯日辰时大吉。

ti²	ljok⁸	ɕət⁷	ʔjət⁷	ʁa:i³	van¹	ʨi¹	su³	van¹
第	六	七	乙	亥	日	己	丑	日

第六元、第七元乙亥日、己丑日。

pjeŋ³	sən¹	van¹	ʈa:p⁷	sən²	van¹	mu²	ŋo²	van¹	pjeŋ³	ji²	van¹
丙	申	日	甲	辰	日	戊	午	日	丙	寅	日

丙申日、甲辰日、戊午日、丙寅日。

qeŋ¹	sən²	van¹	ʈui⁵	mi²	van¹	mu²	hi³	van¹
庚	辰	日	癸	未	日	戊	子	日

庚辰日、癸未日、戊子日。

ta:p⁷ sən¹ van¹ pjeŋ³ hi³ van¹ tu¹ pa:t⁷ fu⁴ pa:t⁷
甲　申　日　丙　子　日　巨　八　武　八

甲申日、丙子日值巨门星八白或武曲星八白。

çən¹ ma:u⁴ ᵐbe¹ ti² n̠i² n̠um² sən² van¹ sən¹ ju⁴ si²
辛　卯　年　第　二　　壬　辰　日　申　酉　时

辛卯年第二元壬辰日申时、酉时。

çən¹ mi² van¹ ma:u⁴ sən² van¹ si²
辛　未　日　卯　辰　日　时

辛未日、卯日、辰日卯时、辰时。

ti² ʔjət⁷ pjeŋ³ hət⁷ van¹ ma:u⁴ si² tət⁷
第　一　丙　戌　日　卯　时　吉

第一元丙戌日卯时吉。

ti² ha:m¹ pjeŋ³ hi³ van¹ ȶa:p⁷ sən¹ van¹
第　三　丙　子　日　甲　申　日

第三元丙子日、甲申日。

pjeŋ³ ŋo² van¹ ȶui⁵ hi⁴ van¹ ʔjət⁷ mi² van¹ ȶui⁵ ma:u⁴ van¹
丙　午　日　癸　巳　日　乙　未　日　癸　卯　日

丙午日、癸巳日、乙未日、癸卯日。

pjeŋ³ sən¹ van¹ ʔjət⁷ ʁa:i³ van¹ çən¹ su³ van¹
丙　申　日　乙　亥　日　辛　丑　日

丙申日、乙亥日、辛丑日。

çən² ma:u⁴ van¹ pho⁵ çət⁷ ljok⁸ çət⁷
辛　卯　日　破　七　禄　七

辛卯日值破军星七赤或禄存星七赤。

水书 引腊备要卷

ȵum² sən² ᵐbe¹ ti² ljok⁸ ȵum² ŋo² van¹ sən¹ ju⁴ si²
壬　辰　年　第　六　壬　午　日　申　酉　时
壬辰年第六元壬午日申时、酉时。

ti² hi⁵ ȵum² hət⁷ van¹ sən² si² tət⁷
第　四　壬　戌　日　辰　时　吉
第四元壬戌日辰时吉。

ti² ha:m¹ ȵum² sən¹ van¹ sən¹ ju⁴ si²
第　三　壬　申　日　申　酉　时
第三元壬申日申时、酉时。

ti² ʔjət⁷ ɕen¹ mi¹ van¹ ma:u⁴ si² tət⁷ tət⁷
第　一　辛　未　日　卯　时　吉　吉
第一元辛未日卯时大吉。

ti² hi⁵ ŋo⁴ ʈui⁵ ʁa:i³ van¹ ʈui⁵ ma:u⁴ van¹
第 四 五 癸 亥 日 癸 卯 日

第四元、第五元癸亥日、癸卯日。

ʈui⁵ mi² van¹ ta:p⁷ sən² van¹ mu² ŋo² van¹ tjeŋ¹ ma:u⁴ van¹
癸 未 日 甲 辰 日 戊 午 日 丁 卯 日

癸未日、甲辰日、戊午日、丁卯日。

ta:p⁷ hət⁷ van¹ ta:p⁷ hi³ van¹ mu² hi³ van¹ ʈui⁵ ju⁴ van¹
甲 戌 日 甲 子 日 戊 子 日 癸 酉 日

甲戌日、甲子日、戊子日、癸酉日。

ʈui⁵ su³ van¹ pho⁵ ha:m¹ fan² ljok⁸
癸 丑 日 破 三 文 六

癸丑日值破军星三碧或文曲星六白。

ȶui⁵ hi⁴ ᵐbe¹ ti² ŋo⁴ qeŋ¹ ŋo² van¹ ma:u⁴ si²
癸 巳 年 第 五 庚 午 日 卯 时

癸巳年第五元庚午日卯时。

ti² ȵi² ȶui⁵ mi² van¹ sən² si²
第 二 癸 未 日 辰 时

第二元癸未日辰时。

ti² ljok⁸ ȶui⁵ ju⁴ van¹ sən² si² pjeŋ³ sən² van¹ tət⁷
第 六 癸 酉 日 辰 时 丙 辰 日 吉

第六元癸酉日辰时吉，丙辰日吉。

ti² ha:m¹ tjeŋ¹ hi⁴ van¹ pjeŋ³ hi³ van¹
第 三 丁 巳 日 丙 子 日

第三元丁巳日、丙子日。

ȶui⁵ ʁa:i³ van¹ ȶa:p⁷ sən¹ van¹ ȶui⁵ hi⁴ van¹ tjeŋ¹ mi² van¹
癸 亥 日 甲 申 日 癸 巳 日 丁 未 日
癸亥日、甲申日、癸巳日、丁未日。

ȶa:p⁷ ji² van¹ qeŋ¹ sən¹ van¹ ȶa:p⁷ hi³ van¹ ȶui⁵ su³ van¹
甲 寅 日 庚 申 日 甲 子 日 癸 丑 日
甲寅日、庚申日、甲子日、癸丑日。

mu² sən¹ van¹ ljem² ŋo⁴ pjət⁸ ŋo⁴
戊 申 日 廉 五 弼 五
戊申日值廉贞星五黄或弼星五黄。

ȶa:p⁷ ŋo² ᵐbe¹ ti² ŋo⁴ qeŋ¹ ŋo² van¹ hət⁷ ʁa:i³ si²
甲 午 年 第 五 庚 午 日 戌 亥 时
甲午年第五元庚午日戌时、亥时。

ti² ha:m¹ mu² ji² van¹ ma:u⁴ sən² si²
第　　三　　　戊　寅　日　卯　　辰　　时

第三元戊寅日卯时、辰时。

ta:p⁷ ŋo² ta:p⁷ hi³ van¹ ma:u⁴ si² tət⁷
甲　　午　　甲　子　日　卯　　时　吉

甲午日、甲子日卯时吉。

ti² ʔət⁷ ȵi² pjeŋ³ ji² van¹ ta:p⁷ hət⁷ van¹
第　　一　　二　　丙　　寅　日　甲　　戌　日

第一元、第二元丙寅日、甲戌日。

mu² hi³ van¹ pjeŋ³ sən¹ van¹ pjeŋ³ sən² van¹ mu² ŋo² van¹
戊　子　日　丙　　申　日　丙　　辰　日　戊　午　日

戊子日、丙申日、丙辰日、戊午日。

pjeŋ³　hi³　van¹　ta:p⁷　sən¹　van¹　num²　sən²　van¹　pjeŋ³　ŋo²　van¹
丙　　子　　日　　甲　　申　　日　　壬　　辰　　日　　丙　　午　　日

丙子日、甲申日、壬辰日、丙午日。

ta:p⁷　ji²　van¹　tha:m¹　tu³　ljem²　tu³　pu²　ɲi²
甲　　寅　　日　　贪　　　九　　廉　　九　　辅　　二

甲寅日值贪狼星九紫，或廉贞星九紫，或辅星二黑。

ʔjət⁷　mi²　ᵐbe¹　ti²　ʔjət⁷　tjeŋ¹　ʁa:i³　van¹　sən¹　ju⁴　si²
乙　　未　　年　　第　　一　　　丁　　亥　　　日　　申　　酉　　时

乙未年第一元丁亥日申时、酉时。

ti²　ŋo⁴　çən¹　mi²　van¹　ma:u⁴　si²
第　　五　　辛　　未　　日　　卯　　时

第五元辛未日卯时。

qeŋ¹　ŋo²　van¹　hət⁷　ʁa:i³　si²
庚　　午　　日　　戌　　亥　　时

庚午日戌时、亥时。

qeŋ¹　hi³　van¹　ma:u⁴　si²　tət⁷
庚　　子　　日　　卯　　　时　　吉

庚子日卯时吉。

ti²　ljok⁸　ɕət⁷　ʔjət⁷　ʁa:i³　van¹　mu²　hi³　van¹
第　　六　　七　　乙　　亥　　　日　　戌　　子　　日

第六元、第七元乙亥日、戊子日。

ti¹　su³　van¹　pjeŋ³　sən¹　van¹　ʔjət⁷　hi⁴　van¹
己　　丑　　日　　丙　　申　　日　　乙　　巳　　日

己丑日、丙申日、乙巳日。

mu² ŋo² van¹ ȵum² ŋo² van¹
戊　午　日　壬　　午　日

戊午日、壬午日。

qeŋ¹ sən¹ van¹ ȶi¹ ju⁴ van¹ ʔjət⁷ ju⁴ van¹
庚　申　日　己　酉　日　乙　酉　日

庚申日、己酉日、乙酉日。

pjeŋ³ sən² van¹ ȶi¹ ʁa:i³ van¹ tjeŋ¹ ʁa:i³ van¹
丙　辰　日　己　亥　日　丁　亥　日

丙辰日、己亥日、丁亥日。

ljem² ŋo⁴ pjət⁸ ŋo⁴ ȶu² pa:t⁸ fu⁴ pa:t⁷
廉　五　弼　五　巨　八　武　八

值廉贞星五黄，或弼星五黄，或巨门星八白，或武曲星八白。

pjeŋ³ sən¹ ᵐbe¹ ti² ɲi² ɲum² ŋo² van¹ ju⁴ si²
丙 申 年 第 二 壬 午 日 酉 时

丙申年第二元壬午日酉时。

ti² ha:m¹ pjeŋ³ ji² van¹ ma:u⁴ si² tət⁷
第 三 丙 寅 日 卯 时 吉

第三元丙寅日卯时吉。

ti² ɕat⁷ ʑui⁵ mi² van¹ ŋo² mi² si²
第 七 癸 未 日 午 未 时

第七元癸未日午时、未时。

pjeŋ³ sən² van¹ ma:u⁴ sən² si² tət⁷
丙 辰 日 卯 辰 时 吉

丙辰日卯时、辰时吉。

ti² ha:m¹ ṭa:p⁷ ŋo² van¹ ȵum² sən¹ van¹
第 三 甲 午 日 壬 申 日

第三元甲午日、壬申日。

qeŋ¹ hət⁷ van¹ qeŋ¹ sən² van¹ ȵum² hət⁷ van¹ ṭui⁵ hi⁴ van¹
庚 戌 日 庚 辰 日 壬 戌 日 癸 巳 日

庚戌日、庚辰日、壬戌日、癸巳日。

pjeŋ³ ŋo² van¹ pjeŋ³ hi³ van¹ ʔjət⁷ ma:u⁴ van¹ ɕən¹ su³ van¹
丙 午 日 丙 子 日 乙 卯 日 辛 丑 日

丙午日、丙子日、乙卯日、辛丑日。

pho⁵ ɕət⁷ ljok⁸ ɕət⁷ pu² ljok⁸
破 七 禄 七 辅 六

值破军星七赤，或禄存星七赤，或辅星六白。

tjeŋ¹　ju⁴　ᵐbe¹　ti²　ljok⁸　tjeŋ¹　ma:u⁴　van¹　sən²　si²
丁　酉　年　第　六　丁　卯　日　辰　时

丁酉年第六元丁卯日辰时。

ti²　ha:m¹　tui⁵　mi²　van¹　si²
第　三　癸　未　日　时

第三元癸未日癸未时吉。

ti²　ljok⁸　pjeŋ³　sən²　van¹　ȵum²　ŋo²
第　六　丙　辰　日　壬　午

第六元丙辰日、壬午日。

ȵum²　sən²　su³　si²　fan²　ljok⁸　tət⁷
壬　辰　丑　时　文　六　吉

壬辰日丑时值文曲星六白，吉。

ti² hi⁵ ȵum² ji² van¹ qeŋ¹ hət⁷ van¹
第　四　壬　寅　日　庚　戌　日

第四元壬寅日、庚戌日。

ȶa:p⁷ hi³ van¹ ʔjət⁷ su³ van¹ ȶa:p⁷ ŋo² van¹
甲　子　日　乙　丑　日　甲　午　日

甲子日、乙丑日、甲午日。

pjeŋ³ ŋo² van¹ pjeŋ³ hi³ van¹ ȵum² hət⁷ van¹
丙　午　日　丙　子　日　壬　戌　日

丙午日、丙子日、壬戌日。

ȵum² sən¹ van¹ ɕən¹ ʁa:i³ van¹ ȶa:p⁷ sən¹ van¹ pjeŋ³ hət⁷ van¹
壬　申　日　辛　亥　日　甲　申　日　丙　戌　日

壬申日、辛亥日、甲申日、丙戌日。

fan² ljok⁸ ʔjət⁷ pjət⁸ ʔjət⁷
文 六 一 弼 一

值文曲星六白或弼星一白。

mu² hət⁷ ᵐbe¹ ti² ʔjət⁷ pjeŋ³ hət⁷ van¹ ma:u⁴ si²
戊 戌 年 第 一 丙 戌 日 卯 时

戊戌年第一元丙戌日卯时。

ti² hi⁵ ʨui⁵ mi² van¹
第 四 癸 未 日

第四元癸未日。

ti² ʔjət⁷ mu² ŋo² van¹ mu² sən² van¹ mi² si²
第 一 戊 午 日 戊 辰 日 未 时

第一元戊午日、戊辰日未时。

ti²	n̪i²	n̪um²	ŋo²	van¹	sən²	si²	tət⁷
第	二	壬	午	日	辰	时	吉

第二元壬午日辰时吉。

ti²	ŋo⁴	ɕət⁷	n̪um²	hət⁷	van¹	tui⁵	ʁa:i³	van¹
第	五	七	壬	戌	日	癸	亥	日

第五元、第七元壬戌日、癸亥日。

ta:p⁷	ji²	van¹	ʔjət⁷	ma:u⁴	van¹	ta:p⁷	sən²	van¹	ʔjət⁷	ju⁴	van¹
甲	寅	日	乙	卯	日	甲	申	日	乙	酉	日

甲寅日、乙卯日、甲申日、乙酉日。

tjeŋ¹	mi²	van¹	tjeŋ¹	su³	van¹	ɕən¹	mi²	van¹
丁	未	日	丁	丑	日	辛	未	日

丁未日、丁丑日、辛未日。

213

tjeŋ¹ hi⁴ van¹ ta:p⁷ hi³ van¹ ta:p⁷ ŋo² van¹ ljem² ŋo⁴ pjət⁸ ŋo⁴
丁 巳 日 甲 子 日 甲 午 日 廉 五 弼 五

丁巳日、甲子日、甲午日值廉贞星五黄或弼星五黄。

ti¹ ʁai³ ᵐbe¹ ti² ŋo⁴ ti¹ ma:u⁴ van¹ ma:u⁴ si²
己 亥 年 第 五 己 卯 日 卯 时

己亥年第五元己卯日卯时。

çət⁷ çən¹ mi² van¹ van¹ ma:u⁴ si²
七 辛 未 日 日 卯 时

七月辛未日卯时。

tjeŋ¹ mi² van¹ hət⁷ ʁa:i³ si² tət⁷
丁 未 日 戌 亥 时 吉

丁未日戌时、亥时吉。

ti² ha:m¹ ȵi¹ hi⁴ van¹ ti² ȵi² ɕən¹ ma:u⁴ van¹
第 三 己 巳 日 第 二 辛 卯 日

第三元己巳日，第二元辛卯日。

sup⁸ ȵi¹ mi² van¹ ma:u⁴ si² tət⁷ tət⁷
十 己 未 日 卯 时 吉 吉

十月己未日卯时大吉。

ti² ʔjət⁷ ȵi² pjeŋ³ ji² van¹ tjeŋ¹ ma:u⁴ van¹
第 一 二 丙 寅 日 丁 卯 日

第一元、第二元丙寅日、丁卯日。

ȶa:p⁷ hət⁷ van¹ ʔjət⁷ ʁa:i³ van¹ mu² hi³ van¹
甲 戌 日 乙 亥 日 戊 子 日

甲戌日、乙亥日、戊子日。

水书 引腊备要卷

ȶi¹　su³　van¹　ȶa:p⁷　sən²　van¹　ʔjət⁷　hi⁴　van¹
己　丑　日　甲　辰　日　乙　巳　日

己丑日、甲辰日、乙巳日。

ȵum²　sən¹　van¹　ȵum²　ji²　van¹　ȶa:p⁷　hi³　van¹　ȶa:p⁷　ŋo²　tha:m¹
壬　申　日　壬　寅　日　甲　子　日　甲　午　贪

壬申日、壬寅日、甲子日、甲午日值贪狼星。

pjeŋ³　hi³　van¹　tjeŋ¹　su³　van¹　pjeŋ³　ŋo²　van¹　ȶui⁵　ʁa:i³　van¹
丙　子　日　丁　丑　日　丙　午　日　癸　亥　日

丙子日、丁丑日、丙午日、癸亥日。

ȶui⁵　mi²　van¹　ȶa:p⁷　sən¹　van¹　ȶa:p⁷　ji²　van¹　tha:m¹　tu³　ljem²　tu³
癸　未　日　甲　申　日　甲　寅　日　贪　九　廉　九

癸未日、甲申日、甲寅日值贪狼星九紫或廉贞星九紫。

216

qeŋ¹　hi³　ᵐbe¹　ti²　ŋo⁴　qeŋ¹　ŋo²　van¹　ma:u⁴　si²
庚　　子　　年　　第　五　　庚　　午　　日　　卯　　时

庚子年第五元庚午日卯时。

ti²　ljok⁸　ɲum²　hi³　van¹　ma:u⁴　si²　ta:p⁷　ŋo²　van¹
第　　六　　壬　　子　　日　　卯　　时　　甲　　午　　日

第六元壬子日卯时，甲午日。

ti²　ljok⁸　ɕən¹　mi²　van¹　qeŋ¹　sən¹　tət⁷　ma:u⁴　si²
第　　二　　辛　　未　　日　　庚　　申　　吉　　卯　　时

第二元辛未日、庚申日卯时吉。

ti²　ŋo⁴　ɕət⁷　tjeŋ¹　ʁa:i³　van¹　pjeŋ³　hət⁷　van¹
第　　五　　七　　丁　　亥　　日　　丙　　戌　　日

第五元、第七元丁亥日、丙戌日。

çen¹ su³ van¹ mu² ji² van¹ ʔjət⁷ ju⁴ van¹
辛　丑　日　戊　寅　日　乙　酉　日

辛丑日、戊寅日、乙酉日。

ʨui⁵ hi⁴ van¹ pjeŋ³ ŋo² van¹
癸　巳　日　丙　午　日

癸巳日、丙午日。

tjen¹ su³ van¹ qeŋ¹ ji² van¹ qeŋ¹ sən¹ van¹
丁　丑　日　庚　寅　日　庚　申　日

丁丑日、庚寅日、庚申日。

mu² hət⁷ van¹ ʨui⁵ su³ van¹ tjen¹ mi² van¹ pjeŋ³ hi³ van¹
戊　戌　日　癸　丑　日　丁　未　日　丙　子　日

戊戌日、癸丑日、丁未日、丙子日。

ju² pa:t⁷ fu⁴ pa:t⁷ pjət⁸ ŋo⁴ ljem² ŋo⁴
巨　八　武　八　粥　五　廉　五

值巨门星八白，或武曲星八白，或粥星五黄，或廉贞星五黄。

çən¹ su³ ᵐbe¹ ti² ŋo⁴ çən¹ mi² van¹ tui⁵ su³ van¹
辛　丑　年　第　五　辛　未　日　癸　丑　日

辛丑年第五元辛未日、癸丑日。

ti² hi⁵ tui⁵ mi² van¹ ti² ŋo⁴ çən¹ ju⁴ van¹ tət⁷
第　四　癸　未　日　第　五　辛　酉　日　吉

第四元癸未日，第五元辛酉日吉。

ti² ʔjət⁷ ȵum² sən² van¹ qeŋ¹ ŋo² van¹ ma:u⁴ si²
第　一　壬　辰　日　庚　午　日　卯　时

第一元壬辰日、庚午日卯时。

ȵum² hi³ van¹ tət⁷ tət⁷
壬　子　日　吉　吉
壬子日大吉。

ti² ha:m¹ qeŋ¹ sən¹ van¹ ʔjət⁷ ma:u⁴ van¹
第　三　庚　申　日　乙　卯　日
第三元庚申日、乙卯日。

mu² hət⁷ van¹ ʑi¹ ʁa:i¹ van¹ pjeŋ¹ ji² van¹
戊　戌　日　己　亥　日　丙　寅　日
戊戌日、己亥日、丙寅日。

pjeŋ³ sən² van¹ ʔjət⁷ hi⁴ van¹ ɕən¹ su³ van¹
丙　辰　日　乙　巳　日　辛　丑　日
丙辰日、乙巳日、辛丑日。

pho⁵　ɕət⁷　ljok⁸　ɕət⁷　pu²　ȵi²
破　　七　　禄　　七　　辅　　二

值破军星七赤，或禄存星七赤，或辅星二黑。

ȵum²　ji²　ᵐbe¹　ti²　ȵi²　ȵum²　ŋo²　van¹　sən¹　ju⁴　si²
壬　　寅　　年　　第　　二　　壬　　午　　日　　申　　酉　　时

壬寅年第二元壬午日申时、酉时。

ti²　ha:m¹　ȵum²　ji²　van¹　tɕui⁵　mi²　van¹　tət⁷
第　　三　　壬　　寅　　日　　癸　　未　　日　　吉

第三元壬寅日、癸未日吉。

ti²　hi⁵　ȵum²　hət⁷　van¹　qeŋ¹　sən¹　van¹　ɕən¹　ma:u⁴　van¹
第　　四　　壬　　戌　　日　　庚　　申　　日　　辛　　卯　　日

第四元壬戌日、庚申日、辛卯日。

fan¹　ljok⁸　tət⁷　tət⁷
文　　六　　吉　　吉

值文曲星六白，大吉。

ti¹　hi⁵　ŋo⁴　tui⁵　ma:u⁴　van¹　ta:p²　hi³　van¹
第　　四　　五　　癸　　卯　　日　　甲　　子　　日

第四元、第五元癸卯日、甲子日。

ȵum²　sən¹　van¹　ta:p⁷　ŋo²　van¹　tui⁵　ju⁴　van¹
壬　　申　　日　　甲　　午　　日　　癸　　酉　　日

壬申日、甲午日、癸酉日。

ta:p⁷　sən²　van¹　mu²　ŋo²　van¹　ti¹　mi²　van¹
甲　　辰　　日　　戊　　午　　日　　己　　未　　日

甲辰日、戊午日、己未日。

tjeŋ¹ ma:u⁴ pjeŋ³ sən¹ van¹ tjeŋ¹ hi⁴ van¹ fan² ljok⁸ pu² ljok⁸
丁 卯 丙 申 日 丁 巳 日 文 六 辅 六

丁卯日、丙申日、丁巳日值文曲星六白或辅星六白。

ȶui⁵ ma:u⁴ ᵐbe¹ ti² ljok⁸ ʔjət⁷ ma:u⁴ van¹ ma:u⁴ si²
癸 卯 年 第 六 乙 卯 日 卯 时

癸卯年第六元乙卯日卯时。

tjeŋ¹ ʁa:i³ van¹ ȶa:p⁷ sən¹ van¹ ȵum² sən² van¹ tət⁷ tət⁷
丁 亥 日 甲 申 日 壬 辰 日 吉 吉

丁亥日、甲申日、壬辰日大吉。

qeŋ¹ ŋo² van¹ ma:u⁴ si² ȶui⁵ ma:u⁴ van¹ sən² si²
庚 午 日 卯 时 癸 卯 日 辰 时

庚午日卯时，癸卯日辰时。

ti² ŋo⁴ ɕən¹ mi² van¹ tət⁷ tət⁷
第 五 辛 未 日 吉 吉

第五元辛未日大吉。

ti² ha:m¹ pjeŋ³ sən² van¹ mu² ŋo² van¹
第 三 丙 辰 日 戊 午 日

第三元丙辰日、戊午日。

tjeŋ¹ mi² van¹ ʑa:p⁷ ji² van¹ tjeŋ¹ ma:u⁴ van¹
丁 未 日 甲 寅 日 丁 卯 日

丁未日、甲寅日、丁卯日。

qeŋ¹ sən¹ van¹ ȵum² hət⁷ van¹ tjeŋ¹ hi⁴ van¹
庚 申 日 壬 戌 日 丁 巳 日

庚申日、壬戌日、丁巳日。

ʔjət⁷ mi² van¹ ta:p⁷ hi³ van¹ ta:p⁷ sən² van¹
乙 未 日 甲 子 日 甲 辰 日

乙未日、甲子日、甲辰日。

tui⁵ su³ van¹ ti¹ su³ van¹ pjeŋ³ hi³ van¹ ʔjət⁷ hi⁴ van¹
癸 丑 日 己 丑 日 丙 子 日 乙 巳 日

癸丑日、己丑日、丙子日、乙巳日。

num² hi³ van¹ ɕən¹ ju⁴ van¹ pjeŋ³ ŋo²
壬 子 日 辛 酉 日 丙 午

壬子日、辛酉日、丙午日。

mu² sən¹ mu² hət⁷ ljem² ŋo⁴
戊 申 戊 戌 廉 五

戊申日、戊戌日值廉贞星五黄。

水书引腊备要卷

225

ȶa:p⁷ sən² ᵐbe¹ ȶi² ha:m¹ ȶi¹ ʁa:i³ van¹ ma:u⁴ si²
甲　辰　年　第　三　　己　亥　日　卯　时

甲辰年第三元己亥日卯时。

ȶi¹ hi⁴ van¹ ma:u⁴ si²
己　巳　日　卯　时

己巳日卯时。

ȶi² hi⁵ ȶui⁵ mi² van¹ tət⁷ mi² si²
第　四　癸　未　日　吉　未　时

第四元癸未日未时吉。

ȶa:p⁷ sən¹ van¹ mu² hət⁷ van¹
甲　申　日　戊　戌　日

甲申日、戊戌日。

ti² ȵi² ɕən¹ mi² van¹ tət⁷ tət⁷
第 二 辛 未 日 吉 吉

第二元辛未日大吉。

ti² ʔjət⁷ ȵi² ta:p⁷ ji² van¹ pjeŋ³ hi³ van¹
第 一 二 甲 寅 日 丙 子 日

第一元、第二元甲寅日、丙子日。

ȵum² ji² van¹ pjeŋ³ sən¹ van¹ tjeŋ¹ mi² van¹
壬 寅 日 丙 申 日 丁 未 日

壬寅日、丙申日、丁未日。

ɕən¹ ʁa:i³ van¹ ɕən¹ su³ van¹ ʔjət⁷ ma:u⁴ van¹
辛 亥 日 辛 丑 日 乙 卯 日

辛亥日、辛丑日、乙卯日。

水书 引腊备要卷

qeŋ¹ ŋo² van¹ mu² hi³ van¹ ʨui⁵ ʁa:i³ van¹
庚 午 日 戊 子 日 癸 亥 日
庚午日、戊子日、癸亥日。

ʔjət⁷ su³ van¹ ȵum² sən¹ van¹ tha:m¹ tu³ ljem² tu³ pu² ȵi²
乙 丑 日 壬 申 日 贪 九 廉 九 辅 二
乙丑日、壬申日值贪狼星九紫，或廉贞星九紫，或辅星二黑。

ʔjət⁷ hi⁴ ᵐbe¹ ti² ȵi² ti¹ ʁa:i³ van¹ hi⁴ si²
乙 巳 年 第 二 己 亥 日 巳 时
乙巳年第二元己亥日巳时。

ti² ljok⁸ ʨui⁵ su³ van¹ ȵum² ŋo² van¹ sən² si² tət⁷
第 六 癸 丑 日 壬 午 日 辰 时 吉
第六元癸丑日、壬午日辰时吉。

ti² hi⁵ ʈui⁵ mi² van¹ hət⁷ si²
第 四 癸 未 日 戌 时

第四元癸未日戌时。

çeŋ¹ ma:u⁴ van¹ sən¹ ju⁴ si² tət⁷
辛 卯 日 申 酉 时 吉

辛卯日申时、酉时吉。

ti² ljok⁸ çət⁷ ʔjət⁷ mi² van¹ mu² ji² van¹
第 六 七 乙 未 日 戊 寅 日

第六元、第七元乙未日、戊寅日。

qeŋ¹ sən² van¹ qeŋ¹ ŋo² van¹ ʔjət⁷ ju⁴ van¹
庚 辰 日 庚 午 日 乙 酉 日

庚辰日、庚午日、乙酉日。

tjeŋ¹ mi² pjeŋ³ hi³ van¹ ta:p⁷ sən¹ van¹
丁　未　丙　子　日　甲　申　日

丁未日、丙子日、甲申日。

tui⁵ ʁa:i³ van¹ pjeŋ³ ŋo² van¹ mu² hi³ van¹ tjeŋ¹ ʁa:i³ van¹
癸　亥　日　丙　午　日　戊　子　日　丁　亥　日

癸亥日、丙午日、戊子日、丁亥日。

ʈu² pa:t⁷ fu⁴ pa:t⁷ ljem² ŋo⁴ pjət⁸ ŋo⁴
巨　八　武　八　廉　五　弼　五

值巨门星八白，或武曲星八白，或廉贞星五黄，或弼星五黄。

pjeŋ³ ŋo² ᵐbe¹ ti² hi⁵ ta:p⁷ ŋo² van¹ ŋo² mi² si²
丙　午　年　第　四　甲　午　日　午　未　时

丙午年第四元甲午日午时、未时。

ȶa:p⁷　hət⁷　van¹　ma:u⁴　si²　ȶət⁷

甲　　戌　　日　　卯　　　时　　吉

甲戌日卯时吉。

ti²　ljok⁸　pjeŋ³　ji²　van¹　ji²　ma:u⁴　si²

第　　六　　丙　　寅　日　　寅　　卯　　时

第六元丙寅日寅时、卯时。

pjeŋ³　hət⁷　van¹　ŋo²　si²　ȶət⁷

丙　　戌　　日　　午　　时　　吉

丙戌日午时吉。

ti²　ha:m¹　qeŋ¹　ji²　van¹　mu²　hət⁷　van¹

第　　三　　庚　　寅　　日　　戊　　戌　　日

第三元庚寅日、戊戌日。

ʔjət⁷　mi²　van¹　tjeŋ¹　ma:u⁴　van¹　qeŋ¹　hi³　van¹
乙　　未　日　丁　　卯　　日　庚　　子　日

乙未日、丁卯日、庚子日。

çen¹　ʁa:i³　van¹　ti¹　ʁa:i³　van¹　pho⁵　çət⁷　ljok⁸　çət⁷
辛　　亥　　日　　己　亥　　日　　破　　七　　禄　　七

辛亥日、己亥日值破军星七赤或禄存星七赤。

tjeŋ¹　mi²　ᵐbe¹　ti²　ha:m¹　tjeŋ¹　ma:u⁴　van¹　ma:u⁴　sən²　si²
丁　　未　　年　　第　三　　丁　　卯　　日　卯　　辰　时

丁未年第三元丁卯日卯时、辰时。

ti¹　ma:u⁴　van¹　ŋo²　mi²　si²
己　卯　　日　午　未　时

己卯日午时、未时。

ti²	ɲi²	ɕən¹	mi²	van¹	hət⁷	ʁa:i³	si²
第	二	辛	未	日	戌	亥	时

第二元辛未日戌时、亥时。

ʔjət⁷	ʁa:i³	sən²	si²	tət⁷	qeŋ¹	ŋo²	van¹	ma:u⁴	si²	tət⁷
乙	亥	辰	时	吉	庚	午	日	卯	时	吉

乙亥日辰时吉，庚午日卯时吉。

ti²	hi⁵	mu²	sən²	van¹	ta:p⁷	sən²	van¹
第	四	戊	辰	日	甲	辰	日

第四元戊辰日、甲辰日。

ȵum²	ji²	van¹	qeŋ¹	hət⁷	van¹	qeŋ¹	sən¹	van¹	ȵum²	sən¹	van¹
壬	寅	日	庚	戌	日	庚	申	日	壬	申	日

壬寅日、庚戌日、庚申日、壬申日。

水书引腊备要卷

233

ɕən² ʁa:i³ van¹ ȵum² hi³ van¹ tjeŋ¹ mi² van¹
辛　　亥　　日　　壬　　子　　日　　丁　　未　　日

辛亥日、壬子日、丁未日。

tui⁵ su³ van¹ ʔjət⁷ ju⁴ van¹ tjeŋ¹ ju⁴ van¹ tui⁵ ju⁴ van¹
癸　丑　日　乙　酉　日　丁　酉　日　癸　酉　日

癸丑日、乙酉日、丁酉日、癸酉日。

fan² ɕət⁷ ljok⁸ ɕət⁷
文　　七　　禄　　七

值文曲星七赤或禄存星七赤。

mu² sən¹ ᵐbe¹ qeŋ¹ hi³ van¹ ma:u⁴ si²
戊　申　年　庚　子　日　卯　时

戊申年庚子日卯时。

ti² ljok⁸ pjeŋ³ sən² van¹ ma:u⁴ si²
第　六　丙　辰　日　卯　时

第六元丙辰日卯时。

ti² hi⁵ ȵum² hi³ van¹ sən¹ ju⁴ si²
第　四　壬　子　日　申　酉　时

第四元壬子日申时、酉时。

ti² ȵi² ɕən¹ mi² van¹ ma:u⁴ sən² si²
第　二　辛　未　日　卯　辰　时

第二元辛未日卯时、辰时。

qeŋ¹ sən¹ van¹ ma:u⁴ si² mu² sən¹ van¹ sən² si² tət⁷ tət⁷
庚　申　日　卯　时　戊　申　日　辰　时　吉　吉

庚申日卯时、戊申日辰时大吉。

ti² ŋo⁴ ɕət⁷ ɲum² hət⁷ van¹ pjeŋ³ ŋo² van¹
第　五　七　壬　戌　日　丙　午　日

第五元、第七元壬戌日、丙午日。

mu² hi³ van¹ ʔjət⁷ ma:u⁴ van¹ ta:p⁷ sən¹ van¹
戊　子　日　乙　卯　日　甲　申　日

戊子日、乙卯日、甲申日。

tjeŋ¹ mi² van¹ ta:p⁷ ji² van¹ ti¹ mi² van¹
丁　未　日　甲　寅　日　己　未　日

丁未日、甲寅日、己未日。

ʔjət⁷ su³ van¹ ti¹ hi⁴ van¹ ti¹ su³ van¹ tjeŋ¹ su³ van¹ ʔjət⁷ su³ van¹
乙　丑　日　己　巳　日　己　丑　日　丁　丑　日　乙　丑　日[1]

乙丑日、己巳日、己丑日、丁丑日、乙丑日。

ljem² ŋo⁴ pjət⁸ ŋo⁴
廉　 五　 弼　 五

值廉贞星五黄或弼星五黄。

tɕi¹　ju⁴　ᵐbe¹　ti²　ha:m¹　tɕi¹　ʁa:i³　van¹　ŋo²　mi²　si²
己　　酉　　年　　第　　三　　己　　亥　　日　　午　　未　　时

己酉年第三元己亥日午时、未时。

ti²　ŋo⁴　qeŋ¹　ŋo²　van¹　ma:u⁴　si²
第　　五　　庚　　午　　日　　卯　　　时

第五元庚午日卯时。

ti²　ha:m¹　tɕi¹　hi⁴　van¹　tət⁷　ŋo²　mi²　si²
第　　三　　己　　巳　　日　　吉　　午　　未　　时

第三元己巳日午时、未时吉。

237

ti² hi⁵ ʔjət⁷ mi² van¹ ma:u⁴ si²
第 四 乙 未 日 卯 时
第四元乙未日卯时。

ti² ljok⁸ ɕən¹ mi² van¹ ma:u⁴ si²
第 六 辛 未 日 卯 时
第六元辛未日卯时。

ti² ŋo⁴ ta:p⁷ sən¹ van¹ sən¹ ju⁴ si² tət⁷
第 五 甲 申 日 申 酉 时 吉
第五元甲申日申时、酉时吉。

ti² ʔjət⁷ ni² mu² hi³ van¹ qjeŋ³ ŋo²
第 一 二 戊 子 日 丙 午
第一元、第二元戊子日、丙午日。

ȵum² sən² van¹ qeŋ¹ sən² van¹ ȶa:p⁷ hət⁷ van¹
壬　申　日　庚　辰　日　甲　戌　日

壬申日、庚辰日、甲戌日。

tjeŋ¹ mi² van¹ ʔjət⁷ ʁa:i³ van¹ pu² ȵi²
丁　未　日　乙　亥　日　辅　二

丁未日、乙亥日值辅星二黑。

ȵum² ji² van¹ ɕən¹ hi⁴ van¹ ȵum² hət⁷ van¹
壬　寅　日　辛　巳　日　壬　戌　日

壬寅日、辛巳日、壬戌日。

pjen³ hi³ van¹ ȶui⁵ ju⁴ van¹ tjeŋ¹ ju⁴ van¹
丙　子　日　癸　酉　日　丁　酉　日

丙子日、癸酉日、丁酉日。

水书引腊备要卷

239

tha:m¹　tu³　ljem²　tu³　pu²　ŋi²
贪　　九　　廉　　九　　辅　　二

值贪狼星九紫，或廉贞星九紫，或辅星二黑。

qeŋ¹　hət⁷　ᵐbe¹　ti²　hi⁵　ȵum²　ji²　van¹　ti²　ha:m¹　pjeŋ³　hət⁷　van¹
庚　　戌　　年　　第　　四　　壬　　寅　　日　　第　　三　　丙　　戌　　日

庚戌年第四元壬寅日、第三元丙戌日。

ti²　ŋo⁴　ti¹　ma:u⁴　van¹　ŋo²　mi²　si²　tət⁷
第　　五　　己　　卯　　日　　午　　未　　时　　吉

第五元己卯日午时、未时吉。

ti²　ha:m¹　ɕən¹　su³　van¹　ma:u⁴　si²
第　　三　　辛　　丑　　日　　卯　　时

第三元辛丑日卯时。

qeŋ¹ hi³ van¹ ma:u⁴ si² mu² ji² van¹ sən² si² tət⁷
庚 子 日 卯 时 戊 寅 日 辰 时 吉

庚子日卯时，戊寅日辰时吉。

ti² ljok⁸ ɕət⁷ pjeŋ³ hi³ van¹ qeŋ¹ sən² van¹
第 六 七 丙 子 日 庚 辰 日

第六元、第七元丙子日、庚辰日。

mu² hi³ van¹ ʔjət⁷ ʁa:i³ van¹ ʔjət⁷ ju⁴ van¹
戊 子 日 乙 亥 日 乙 酉 日

戊子日、乙亥日、乙酉日。

tjeŋ¹ su³ van¹ ʔjət⁷ mi² ta:p⁷ hi³
丁 丑 日 乙 未 甲 子

丁丑日、乙未日、甲子日。

ȵum² sən¹ van¹ ʨa:p⁷ sən¹ van¹ tjen¹ ma:u⁴ van¹
壬　申　日　甲　申　日　丁　卯　日

壬申日、甲申日、丁卯日。

tjeŋ¹ mi² van¹ ʨui⁵ su³ van¹
丁　未　日　癸　丑　日

丁未日、癸丑日。

ʨu² pa:t⁷ fu⁴ pa:t⁷ ljem² ŋo⁴ pjət⁷ ŋo⁴
巨　八　武　八　廉　五　弼　五

值巨门星八白，或武曲星八白，或廉贞星五黄，或弼星五黄。

çən¹ ʁa:i³ ᵐbe¹ ti² ȵi² qeŋ¹ ŋo² van¹ ma:u⁴ si²
辛　亥　年　第　二　庚　午　日　卯　时

辛亥年第二元庚午日卯时。

çon¹ ma:u⁴ van¹ si² ȵum⁵ ji² van¹ ju⁴ si²
辛　卯　日　时　壬　寅　日　酉　时

辛卯日卯时、壬寅日酉时。

ti² hi⁵ tui⁵ mi² tət⁷ sən² si²
第　四　癸　未　吉　辰　时

第四元癸未日辰时吉。

ti² ŋo⁴ çon¹ ju⁴ van¹ hət⁷ ʁa:i³ si²
第　五　辛　酉　日　戌　亥　时

第五元辛酉日戌时、亥时。

ti² çət⁷ çon¹ mi² van¹ ma:u⁴ sən² si² tət⁷ tət⁷
第　七　辛　未　日　卯　辰　时　吉　吉

第七元辛未日卯时、辰时大吉。

ti² ha:m¹ qeŋ¹ ji² van¹ ʔjət⁷ mi² van¹
第 三 庚 寅 日 乙 未 日

第三元庚寅日、乙未日。

mu² hi³ van¹ tjeŋ¹ su³ van¹ tjeŋ¹ ma:u⁴ van¹
戊 子 日 丁 丑 日 丁 卯 日

戊子日、丁丑日、丁卯日。

pjeŋ³ sən¹ van¹ qeŋ¹ hi³ mu² sən¹
丙 申 日 庚 子 戊 申

丙申日、庚子日、戊申日。

mu² ŋo² pjeŋ³ ji² van¹ ʔjət⁷ ʁa:i³ van¹
戊 午 丙 寅 日 乙 亥 日

戊午日、丙寅日、乙亥日。

水书 引腊备要卷

ȶa:p⁷　hi³　van¹　ʔjət⁷　ju⁴　van¹　pjeŋ³　sən¹　van¹
甲　　子　　日　　乙　　酉　　日　　丙　　申　　日

甲子日、乙酉日、丙申日。

pho⁵　ɕət⁷　ljok⁸　ɕət⁷　pu²　ljok⁸　fan²　ljok⁸
破　　七　　禄　　七　　辅　　六　　文　　六

值破军星七赤，或禄存星七赤，或辅星六白，或文曲星六白。

ȵum²　hi³　ᵐbe¹　ti²　ŋi²　ȵum²　ŋo²　van¹　sən¹　ju⁴　si²
壬　　子　　年　　第　　二　　壬　　午　　日　　申　　酉　　时

壬子年第二元壬午日申时、酉时。

ti²　ha:m¹　ȵum²　sən²　van¹　su³　si²　ȵum²　sən¹　van¹　ju⁴　si²　tət⁷
第　　三　　壬　　辰　　日　　丑　　时　　壬　　申　　日　　酉　　时　　吉

第三元壬辰日丑时、壬申日酉时吉。

mu² sən² van¹ sən¹ si² ʔjət⁷ ma:u⁴ van¹ ma:u⁴ si²
戊 辰 日 申 时 乙 卯 日 卯 时

戊辰日申时、乙卯日卯时。

ti² ŋo⁴ ɕən¹ ma:u⁴ van¹ ma:u⁴ si²
第 五 辛 卯 日 卯 时

第五元辛卯日卯时。

tui⁵ su³ van¹ sən² van¹ tət⁷
癸 丑 日 辰 日 吉

癸丑日、辰日吉。

ti² ŋo⁴ ʔjət⁷ hi⁴ van¹ pjeŋ³ hi³ van¹
第 五 乙 巳 日 丙 子 日

第五元乙巳日、丙子日。

ȶa:p⁷ sən² van¹ ȶi¹ mi² van¹ tɕui⁵ ʁa:i³ van¹
甲　辰　日　己　未　日　癸　亥　日
甲辰日、己未日、癸亥日。

ɕən¹ ʁa:i³ van¹ tjeŋ¹ mi² van¹ ʔjət⁷ ju⁴ van¹
辛　亥　日　丁　未　日　乙　酉　日
辛亥日、丁未日、乙酉日。

tɕui⁵ ju⁴ van¹ pjeŋ³ ji² van¹ ȶi¹ ju⁴ van¹
癸　酉　日　丙　寅　日　己　酉　日
癸酉日、丙寅日、己酉日。

ȶa:p⁷ hi³ van¹ mu² ŋo² van¹ fan² ljok⁸
甲　子　日　戊　午　日　文　六
甲子日、戊午日值文曲星六白。

ȵui⁵ su³ ᵐbe¹ ti² ʔjət⁷ qeŋ¹ ŋo² van¹ ma:u⁴ si²
癸　丑　年　第　一　庚　午　日　卯　时

癸丑年第一元庚午日卯时。

ti² ȵi² con¹ mi² van¹ ma:u⁴ sən² si²
第　二　辛　未　日　卯　辰　时

第二元辛未日卯时、辰时。

ȵi¹ ʁa:i³ van¹ ŋo² mi² si² tət⁷
己　亥　日　午　未　时　吉

己亥日午时、未时吉。

tjeŋ¹ ʁa:i³ van¹ sən¹ ju⁴ si²
丁　亥　日　申　酉　时

丁亥日申时、酉时吉。

ti² ȵi² ɕən¹ ju⁴ van¹ ma:u⁴ si²
第 二 辛 酉 日 卯 时

第二元辛酉日卯时。

tɕui⁵ ju⁴ van¹ sən¹ ju⁴ si² ȵum² hi³ van¹ su³ si²
癸 酉 日 申 酉 时 壬 子 日 丑 时

癸酉日申时、酉时，壬子日丑时。

pjeŋ³ sən² van¹ ma:u⁴ sən² si² tət⁷ qeŋ¹ hi³ van¹ ma:u⁴ si²
丙 辰 日 卯 辰 时 吉 庚 子 日 卯 时

丙辰日卯时、辰时，庚子日卯时吉。

ti² ŋo⁴ ha:m¹ mu² ŋo² van¹ ta:p⁷ ji² van¹
第 五 三 戊 午 日 甲 寅 日

第五元、第三元戊午日、甲寅日。

qeŋ¹ sən² van¹ pjeŋ³ ŋo² van¹ tjeŋ¹ su³ van¹
庚　辰　日　丙　午　日　丁　丑　日

庚辰日、丙午日、丁丑日。

ȶa:p⁷ hi³ van¹ tjeŋ¹ ju⁴ van¹ ȶi¹ mi² van¹
甲　子　日　丁　酉　日　己　未　日

甲子日、丁酉日、己未日。

ȵum² hət⁷ van¹ mu² hi³ van¹ ȶui⁵ ʁa:i³ van¹
壬　戌　日　戊　子　日　癸　亥　日

壬戌日、戊子日、癸亥日。

tjeŋ¹ mi² van¹ tjeŋ¹ hi⁴ van¹ ljem² ŋo⁴ pjət⁸ ŋo⁴
丁　未　日　丁　巳　日　廉　五　弼　五

丁未日、丁巳日值廉贞星五黄或弼星五黄。

ȶa:p⁷　ji²　ᵐbe¹　ti¹　ʔjət⁷　ȶa:p⁷　ŋo²　van¹　ŋo²　mi²　si²
甲　　寅　　年　　第　　一　　甲　　午　　日　　午　　未　　时

甲寅年第一元甲午日午时、未时。

mu²　hət⁷　van¹　ma:u⁴　sən²　si²
戊　　戌　　日　　卯　　　辰　　时

戊戌日卯时、辰时。

ti²　ʔjət⁷　ȶa:p⁷　hət⁷　van¹　ŋo²　si²　tət⁷
第　　一　　　甲　　戌　　日　　午　　时　　吉

第一元甲戌日午时吉。

ti²　ljok⁸　ȵui⁵　ma:u⁴　van¹　ma:u⁴　sən²　si²
第　　六　　　癸　　　卯　　　日　　卯　　　辰　　时

第六元癸卯日卯时、辰时。

251

ta:p⁷	sən¹	van¹	ma:u⁴	si²	ta:p⁷	ji²	van¹	hət⁷	ʁa:i³	si²
甲	申	日	卯	时	甲	寅	日	戌	亥	时

甲申日卯时，甲寅日戌时、亥时。

mu²	ji²	van¹	ma:u⁴	sən²	si²	tət⁷	tui⁵	ju⁴	van¹	sən²	si²
戊	寅	日	卯	辰	时	吉	癸	酉	日	辰	时

戊寅日卯时、辰时，癸酉日辰时吉。

ti²	ŋo⁴	qeŋ¹	ŋo²	van¹	ma:u⁴	si²	tət⁷	tət⁷	tət⁷
第	五	庚	午	日	卯	时	吉	吉	吉

第五元庚午日卯时大吉。

ti²	ʔjət⁷	ni²	pjeŋ³	hi³	van¹	ʔjət⁷	ju⁴	van¹
第	一	二	丙	子	日	乙	酉	日

第一元、第二元丙子日、乙酉日。

ʔjət⁷ ʁa:i³ van¹ tjen¹ ʁa:i³ van¹ ɕən¹ ʁa:i³ van¹
乙 亥 日 丁 亥 日 辛 亥 日

乙亥日、丁亥日、辛亥日。

ȵum² sən² van¹ pjeŋ³ ji² van¹
壬 申 日 丙 寅 日

壬申日、丙寅日。

pjeŋ³ hət⁷ van¹ tjen¹ su³ van¹ tjen¹ ma:u⁴ van¹
丙 戌 日 丁 丑 日 丁 卯 日

丙戌日、丁丑日、丁卯日。

tɬi¹ hi⁴ van¹ mu² sən² van¹ mu² ŋo² van¹
己 巳 日 戊 辰 日 戊 午 日

己巳日、戊辰日、戊午日。

ȶi¹　mi²　van¹　pjeŋ³　sən¹　van¹　ȶi¹　su³　van¹　ȼən¹　ma:u⁴　van¹
己　未　日　丙　申　日　己　丑　日　辛　卯　日

己未日、丙申日、己丑日、辛卯日。

tha:m¹　ȶu³　ljem²　ȶu³　pu²　ɲi²
贪　九　廉　九　辅　二

值贪狼星九紫，或廉贞星九紫，或辅星二黑。

ʔjət⁷　ma:u⁴　ᵐbe¹　ti²　ʔjət⁷　ta:p⁷　ŋo²　van¹　ŋo²　si²　ʔjət⁷　mi²　van¹
乙　卯　年　第　一　甲　午　日　午　时　乙　未　日

乙卯年第一元甲午日午时、乙未日。

ti²　ɲi²　ʔjət⁷　ma:u⁴　van¹　ju⁴　van¹
第　二　乙　卯　日　酉　日

第二元乙卯日、酉日。

ti² hi⁵ ȶui⁵ mi² van¹ tjeŋ¹ ʁa:i³ van¹
第　四　癸　未　日　丁　亥　日
第四元癸未日、丁亥日。

ti² ljok⁸ pjeŋ³ hət⁷ van¹ si² tət⁷
第　六　丙　戌　日　时　吉
第六元丙戌日丙戌时吉。

ti² ljok⁸ ɕət⁷ ȵum² ȵo² van¹ ȶui⁵ mi² van¹
第　六　七　壬　午　日　癸　未　日
第六元、第七元壬午日、癸未日。

ɕən¹ ma:u⁴ van¹ ȵum² hi³ van¹ ɕən¹ ju⁴ van¹
辛　卯　日　壬　子　日　辛　酉　日
辛卯日、壬子日、辛酉日。

255

ȵi¹ hi⁴ van¹ ȵum² hət⁷ van¹ tjeŋ¹ su³ van¹
己　巳　日　壬　戌　日　丁　丑　日
己巳日、壬戌日、丁丑日。

tjeŋ¹ mi² van¹ tui⁵ hi⁴ van¹ ȵi¹ su³ van¹
丁　未　日　癸　巳　日　己　丑　日
丁未日、癸巳日、己丑日。

ȵi¹ mi² van¹ tjeŋ¹ ma:u⁴ van¹ tjeŋ¹ ju⁴ van¹
己　未　日　丁　卯　日　丁　酉　日
己未日、丁卯日、丁酉日。

ȶu² pa:t⁷ fu⁴ pa:t⁷ ljem² ŋo⁴ pjət⁸ ŋo⁴
巨　八　武　八　廉　五　弼　五
值巨门星八白，或武曲星八白，或廉贞星五黄，或弼星五黄。

pjeŋ³ sən² ᵐbe¹ ti² ʔjət⁷ qeŋ¹ hi³ van¹ mu² sən² van¹ pjeŋ³ hət⁷ van¹
丙　辰　年　第　一　庚　子　日　戊　辰　日　丙　戌　日

丙辰年第一元庚子日、戊辰日、丙戌日。

ti² ŋo⁴ n̠um² hi³ van¹ qeŋ¹ ŋo²
第　五　壬　子　日　庚　午

第五元壬子日、庚午日。

ti² ljok⁸ ɕən¹ mi² tət⁷
第　六　辛　未　吉

第六元辛未日吉。

ti² ha:m¹ ʔjət⁷ mi² van¹ ɕən¹ ma:u⁴ van¹
第　三　乙　未　日　辛　卯　日

第三元乙未日、辛卯日。

mu² ŋo² van¹ pjeŋ³ hi³ van¹ ʔjət⁷ ʁa:i³ van¹
戊　午　日　丙　子　日　乙　亥　日

戊午日、丙子日、乙亥日。

tjeŋ¹ mi² van¹ mu² hi³ ɕi² mi² van¹ ljok⁸ ɕət⁷
丁　未　日　戊　子　己　未　日　禄　七

丁未日、戊子日、己未日值禄存星七赤。

ɕən¹ ʁa:i³ ʔjət⁷ su³ van¹ pho⁵ ɕət⁷
辛　亥　乙　丑　日　破　七

辛亥日、乙丑日值破军星七赤。

tjeŋ¹ hi⁴ ᵐbe¹ ti² ha:m¹ tjeŋ¹ ʁa:i³ van¹
丁　巳　年　第　三　丁　亥　日

丁巳年第三元丁亥日。

ti² ŋo⁴ qeŋ¹ ŋo² van¹
第　五　庚　午　日
第五元庚午日。

ti² hi⁵ tɕui⁵ mi² van¹ pjeŋ³ sən² van¹
第　四　癸　未　日　丙　辰　日
第四元癸未日、丙辰日。

ti² ȵi² tjeŋ¹ su³ van¹ tɕi¹ ma:u⁴ van¹
第　二　丁　丑　日　己　卯　日
第二元丁丑日、己卯日。

ti² ʔjət⁷ ɕən¹ ma:u⁴ van¹ tɕət⁷
第　一　辛　卯　日　吉
第一元辛卯日吉。

ti² hi⁵ ʈa:p⁷ sən² van¹ pjeŋ³ ŋo² qeŋ¹ hət⁷ van¹
第 四 甲 辰 日 丙 午 庚 戌 日

第四元甲辰日、丙午日、庚戌日。

mu² sən¹ van¹ ʔjət⁷ hi⁴ van¹ tjeŋ¹ mi² van¹ ɕən¹ ʁa:i³ van¹
戊 申 日 乙 巳 日 丁 未 日 辛 亥 日

戊申日、乙巳日、丁未日、辛亥日。

ȵum² ji² van¹ ȵum² hət⁷ van¹ mu² hi³ fan² ljok⁸
壬 寅 日 壬 戌 日 戊 子 文 六

壬寅日、壬戌日、戊子日值文曲星六白。

mu² ŋo² ᵐbe¹ ti² ɕət⁷ ȵum² ŋo² van¹ pjeŋ³ hət⁷ van¹
戊 午 年 第 七 壬 午 日 丙 戌 日

戊午年第七元壬午日、丙戌日。

ti² hi⁵ pjeŋ³ ji² van¹ qeŋ¹ ji² van¹
第　四　丙　　寅　日　庚　　寅　日

第四元丙寅日、庚寅日。

ɕen¹ ma:u⁴ van¹ ta:p⁷ hət⁷ van¹ tət⁷
辛　　卯　　日　　甲　　戌　日　　吉

辛卯日、甲戌日吉。

ti² ŋo⁴ ɕət⁷ ta:p⁷ ji² van¹ ʔjət⁷ ma:u⁴ van¹
第　五　七　甲　　寅　日　乙　　卯　　日

第五元、第七元甲寅日、乙卯日。

tum² hət⁷ van¹ qeŋ¹ sən² van¹ mu² sən¹ van¹
壬　　戌　日　庚　　辰　日　戊　申　日

壬戌日、庚辰日、戊申日。

ȶa:p⁷　　hi³　　van¹　　tjeŋ¹　　mi²　　van¹　　tjeŋ¹　　hi⁴　　van¹
甲　　　子　　　日　　　丁　　　未　　　日　　　丁　　　巳　　　日

甲子日、丁未日、丁巳日。

tjeŋ¹　　su³　　van¹　　ljem¹　　ŋo⁴　　pjət⁸　　ŋo⁴
丁　　　丑　　　日　　　廉　　　　五　　　弼　　　　五

丁丑日值廉贞星五黄或弼星五黄。

ȶi¹　mi²　ᵐbe¹　ȶi²　ȵi²　ȶi¹　ʁa:i³　van¹　ɕən¹　ma:u⁴　van¹　ȶi¹　mi²　van¹
己　未　年　　第　二　己　　亥　　日　　辛　　卯　　日　己　未　日

己未年第二元己亥日、辛卯日、己未日。

ti²　　ha:m¹　　ȶi¹　　hi⁴　　van¹
第　　　三　　　己　　　巳　　　日

第三元己巳日。

ti² ɕət⁷ ɕen¹ ʁaːi³ van¹ mu² sən² n̠um² ŋo² ʈət⁷
第 七 辛 亥 日 戊 辰 壬 午 吉

第七元辛亥日、戊辰日、壬午日吉。

ti² ʔjət⁷ n̠i² pjeŋ³ ji² van¹ taːp⁷ hət⁷ van¹
第 一 二 丙 寅 日 甲 戌 日

第一元、第二元丙寅日、甲戌日。

ʔjət⁷ ʁaːi³ van¹ mu² hi³ van¹ n̠um² sən¹ van¹
乙 亥 日 戊 子 日 壬 申 日

乙亥日、戊子日、壬申日。

ʈui⁵ maːu⁴ van¹ pjeŋ³ hi³ van¹
癸 卯 日 丙 子 日

癸卯日、丙子日。

qeŋ¹　hi³　van¹　tjeŋ¹　mi²　ɕən¹　mi²　van¹
庚　　子　　日　　丁　　未　　辛　　未　　日

庚子日、丁未日、辛未日。

tha:m¹　ʈu³　ljem¹　ʈu³
　贪　　　九　　廉　　九

值贪狼星九紫或廉贞星九紫。

qeŋ¹　sən¹　ᵐbe¹　ti²　ŋo⁴　ȶi¹　ma:u⁴　van¹
庚　　申　　年　　第　　五　　己　　卯　　日

庚申年第五元己卯日。

ti¹　ȵi²　ʈui⁵　mi²　van¹　tum²　hi³
第　　二　　癸　　未　　日　　壬　　子

第二元癸未日、壬子日。

qeŋ¹ hi³ van¹ ȵum² ŋo² van¹ ʨi¹ ma:u⁴ van¹ ɕən¹ ma:u⁴ van¹ tət⁷
庚　子　日　壬　午　日　己　　卯　　日　辛　　卯　　日　吉

庚子日、壬午日、己卯日、辛卯日吉。

ti¹ ljok⁸ ɕət⁷ ta:p⁷ ji² van¹ mu² hi³ van¹
第　六　七　甲　寅　日　戊　子　日

第六元、第七元甲寅日、戊子日。

pjeŋ³ ŋo² ʔjət⁷ ʁa:i³ van¹ tjeŋ¹ ʁa:i³ van¹
丙　午　乙　亥　日　丁　亥　日

丙午日、乙亥日、丁亥日。

ta:p⁷ ŋo² van¹ qeŋ¹ hət⁷ van¹ ɕən¹ ʁa:i³
甲　午　日　庚　戌　日　辛　亥

甲午日、庚戌日、辛亥日为引腊日。

ɕən¹ ju⁴ ᵐbe¹ ti² ʔjət⁷ qeŋ¹ ŋo² van¹ ɕən¹ mi² van¹
辛　 酉　 年　 第　 一　 　庚　 午　 日　 辛　 未　 日

辛酉年第一元庚午日、辛未日。

ti² ɲi² ɕən¹ su³ van¹ ȵum² sən²
第　 二　 辛　 丑　 日　 壬　 辰

第二元辛丑日、壬辰日。

ti² hi⁵ ʈui⁵ mi² van¹ ɕən¹ ma:u⁴ van¹ ȵum² hi³ tət⁷
第　 四　 癸　 未　 日　 辛　 卯　 日　 壬　 子　 吉

第四元癸未日、辛卯日、壬子日吉。

ti² ha:m¹ mu² hi³ van¹ mu² hət⁷ van¹
第　 三　 戊　 子　 日　 戊　 戌　 日

第三元戊子日、戊戌日。

ȵi¹ mi² van¹ ɕen¹ ʁa:i³ van¹ ɕen¹ hi⁴ van¹
己　未　日　辛　亥　日　辛　巳　日

己未日、辛亥日、辛巳日。

ʔjət⁷ ʁa:i³ van¹ ta:p⁷ ŋo² van¹ ʔjət⁷ mi² van¹
乙　亥　日　甲　午　日　乙　未　日

乙亥日、甲午日、乙未日。

tjeŋ¹ ju⁴ ʔjət⁷ su³ qeŋ¹ sən² van¹
丁　酉　乙　丑　庚　辰　日

丁酉日、乙丑日、庚辰日。

pjeŋ³ sən¹ van¹ pho⁵ ɕət⁷ ljok⁸ ɕət⁷
丙　申　日　破　七　禄　七

丙申日值破军星七赤或禄存星七赤。

ȵum² hət⁷ ᵐbe¹ mu² ŋo² van¹ ti² hi⁵ ȵum² ji² van¹
壬　戌　年　戊　午　日　第　四　壬　寅　日

壬戌年戊午日，第四元壬寅日。

ti² ljok⁸ pjeŋ³ ji² van¹
第　六　丙　寅　日

第六元丙寅日。

ti² ȵi² qeŋ¹ ŋo² van¹ ȵum² ŋo² van¹ tət⁷
第　二　庚　午　日　壬　午　日　吉

第二元庚午日、壬午日吉。

ti² ŋo⁴ ta:p⁷ ji² van¹ ta:p⁷ sən² van¹ pjeŋ³ ŋo² van¹
第　五　甲　寅　日　甲　辰　日　丙　午　日

第五元甲寅日、甲辰日、丙午日。

ȵum² hi³ van¹ ɕən¹ ʁa:i³ van¹ tjeŋ¹ su³ van¹ qeŋ¹ sən² van¹
壬　子　日　辛　亥　日　丁　丑　日　庚　辰　日

壬子日、辛亥日、丁丑日、庚辰日。

ʔjət⁷ ma:u⁴ van¹ ȵum² hət⁷ van¹ fan² ljok⁸ ha:m¹ tu² ha:m¹
乙　卯　日　壬　戌　日　文　六　三　巨　三

乙卯日、壬戌日值文曲星六白或巨门星三碧。

tui⁵ ʁa:i³ ᵐbe¹ sup⁸ tui⁵ mi² van¹
癸　亥　年　十　癸　未　日

癸亥年十月癸未日。

ti² ʔjət⁷ tjeŋ¹ ma:u⁴ van¹ ti² ljok⁸ tui⁵ ma:u⁴ van¹
第　一　丁　卯　日　第　六　癸　卯　日

第一元丁卯日，第六元癸卯日。

水书引腊备要卷

269

ti² ɕət⁷ ɕən¹ mi² van¹ tət⁷
第 七 辛 未 日 吉

第七元辛未日吉。

ti² ha:m¹ pjeŋ³ ji² van¹ ta:p⁷ ji² van¹
第 三 丙 寅 日 甲 寅 日

第三元丙寅日、甲寅日。

mu² hət⁷ van¹ ȵum² hət⁷ van¹ mu² hi³ van¹
戊 戌 日 壬 戌 日 戊 子 日

戊戌日、壬戌日、戊子日。

tjeŋ¹ mi² van¹ tjeŋ¹ su³ pjeŋ³ sən² van¹
丁 未 日 丁 丑 丙 辰 日

丁未日、丁丑日、丙辰日。

ȶui⁵	su³	van¹	ȵum²	hi³	van¹	ȶui⁵	hi⁴	ljem²	ŋo⁴	pjət⁷	ŋo⁴
癸	丑	日	壬	子	日	癸	巳	廉	五	弼	五

癸丑日、壬子日、癸巳日值廉贞星五黄或弼星五黄。

篇章意译

甲子年第一元、第五元庚午日，第一元庚子日、第七元甲午日吉，甲方、己方、未方为九火方。第一元乙未日、乙卯日、壬辰日、戊寅日吉。第一元、第二元庚戌日、壬申日、壬寅日、丙寅日、丙申日值贪狼星或九紫星。第一元、第二元戊子日、甲戌日、丙子日、壬戌日、戊辰日、庚申日、丙戌日、丙辰日、戊申日、丁卯日、丁巳日、乙巳日亥时值廉贞星。

乙丑年第五元庚午日卯时，辛未日寅时、卯时吉，辛丑日以及正月己卯日、午日、未日吉，己卯时、午时、未时吉。第六元、第七元戊子日、庚辰日、庚戌日、甲申日、丙子日、壬戌日、庚申日、戊辰日、戊子日为引腊日。

丙寅年第二元壬午日辰时，癸丑日申时、酉时吉。第一元戊戌日午时，丙戌日卯时吉。第三元丙子日、丁丑日、壬戌日、戊子日、丁卯日、甲辰日、庚子日、戊申日、庚午日、己亥日、壬子日、辛酉日、甲午日、辛亥日、辛巳日值破军星七赤，或禄存星七赤，或辅星六白，或文曲星六白。

丁卯年第五元己亥日寅时、卯时，第六元甲辰日卯时，壬子日辰时吉。第四元壬寅日、甲午日、庚辰日、辛亥日、庚子日、戊申日、丙辰日、己巳日为引腊日。七月丁未日、丙子日、壬戌日、戊子日、癸卯日值文曲星六白，或弼星一白，或文曲星一白，或辅星六白。

戊辰年第五元己卯日午时，庚午日寅时、卯时，七月戊戌日卯时、辰时吉，九月庚子日、戊子日吉，甲戌日、癸亥日为引腊日。第六元、第七元甲寅日、丙子日、丙午日、甲午日、庚午日、戊午日、甲辰日、甲子日、甲午日、癸酉日、癸丑日、戊辰日、癸未日、戊戌日值廉贞星五黄或弼星五黄。

己巳年第五元己亥日午时，三月己巳日辰时，四月辛卯日未时吉，辛丑日卯时，己丑日午时、未时吉。第一元、第二元丙寅日、戊子日、甲戌日、壬申日、甲午日、庚辰日、辛酉日、壬子日、庚寅日、丙午日、丁未日、壬戌日、戊申日、戊辰日、丙戌日值贪狼星九紫，或廉贞星九紫，或辅星二黑。

庚午年第五元庚午日，十一月庚寅日卯时吉。第二元壬午日酉时，十月癸未日辰时吉。第六元、第七元乙亥日、丁卯日、戊子日、乙巳日、己巳日、戊午日、丙子日、丙午日、丁未日、壬戌日、癸亥日、辛巳日值武曲星八白，或巨门星八白，或廉贞星五黄，或弼星五黄。

辛未年第二元辛卯日卯时，辛未日、己卯日午时、未时，第一元辛亥日吉。第三元甲午日、乙丑日、庚辰日、丙午日、壬辰日、戊子日、乙卯日值破军星七赤，或禄存星七赤，或辅星六白，或文曲星五黄，或禄存星五黄。

壬申年第二元壬子日申时、酉时，壬辰日卯时、酉时，第六元癸卯日卯时、辰时吉。第四元、第五元甲午日、丙子日、癸丑日、辛亥日、甲辰日、庚戌日、壬戌日值文曲星六白，或辅星六白，或巨门星三碧。

癸酉年第四元辛丑日卯时，第六元乙卯日卯时、辰时，第五元庚午日卯时吉。第三元甲寅日、丁未日、戊午日、甲子日、丙子日、甲戌日、庚申日、庚辰日、癸亥日值廉贞星五黄或弼星五黄。

甲戌年第三元戊戌日未时，戊午日申时、酉时，第六元丙寅日卯时吉。第一元、第二元壬戌日、丙子日、壬申日、庚午日、甲子日、丁丑日、庚辰日值贪狼星九紫，或廉贞星九紫，或辅星二黑。

乙亥年第二元己亥日、辛卯日酉时，十月第四元癸未日酉时、卯时吉。第六元、第七元庚辰日、庚戌日值巨门星，癸亥日、丙戌日、丙午日、甲申日、丙子日、庚子日、甲戌日值武曲星八白或巨门星八白。

丙子年第六元甲午日午时、未时，十月壬辰日卯时、辰时，第四元丙子日子时、丑时吉。第三元庚寅日、壬午日、庚申日、丙申日、戊戌日、乙未日、庚戌日、戊申日、辛巳日值破军星七赤或禄存星七赤。

丁丑年第五元庚午日卯时，第二元辛未日午时，己卯日、己未日己卯时、己未时吉。第四元庚申日、戊申日、壬申日、辛巳日、辛亥日、壬子日、甲寅日、戊子日、丙寅日值文曲星六白，或文曲星一白，或弼星一白。

戊寅年第五元庚午日卯时，第二元壬午日、壬寅日申时、酉时吉。第二元丙戌日、戌日、亥日和戌时、亥时大吉。第六元、第七元甲寅日、丙午日、丙子日、壬戌日、戊子日、戊午日、乙未日、丁未日、甲子日、庚辰日、庚申日值廉贞星五黄或弼星五黄。

己卯年第五元己亥日午时、未时，庚午日卯时吉。第二元己酉日午时、未时，辛卯日辰时大吉。第一元、第二元丙寅日、戊子日、己丑日、壬申日、甲戌日、丙子日、丁丑日、己未日、庚申日、丙戌日

值贪狼星九紫，或廉贞星九紫，或辅星二黑。

庚辰年第五元庚子日卯时，第二元庚申日、辛未日卯时吉。第三元丙辰日、壬辰日吉。第六元、第七元戊寅日、戊子日、庚辰日、甲申日、乙酉日、己丑日、庚申日、戊申日、丙子日、乙丑日值巨门星八白或武曲星八白。

辛巳年第一元庚午日卯时，第二元丁亥日申时、酉时吉，第六元壬寅日申时、酉时，辛未日卯时大吉。第六元辛丑日卯时，庚子日卯时吉。第三元辛卯日、己亥日、乙未日、戊戌日、甲午日、丙申日、戊子日、丙子日、癸亥日、辛酉日值破军星七赤或禄存星七赤。

壬午年第二元壬午日申时、酉时。第六元壬寅日酉时，丙戌日戌时、亥时吉。第五元、第四元乙巳日、丙午日、丁未日、丙子日、庚辰日、辛亥日、癸亥日、壬申日、甲午日值文曲星六白或破军星三碧。

癸未年第二元辛亥日申时、酉时，己卯日，第二元辛卯日午时吉。第五元辛未日卯时吉。第三元甲寅日、乙卯日、戊午日、壬戌日、甲子日、己未日、庚寅日、丙午日、丙子日值廉贞星五黄或弼星五黄。

甲申年第五元庚子日、庚午日卯时，第四元癸未日未时吉。丁卯日辰时，第六元甲辰日卯时大吉。第一元、第二元丙子日、壬申日、乙未日、甲戌日、戊辰日、己巳日、丁未日、丙戌日值贪狼星九紫或廉贞星九紫。

乙酉年第五元庚午日卯时。第三元壬辰日申时、酉时，乙卯日卯时吉。第五元辛未日卯时、午时、未时大吉。第六元、第七元庚辰日、癸酉日、壬午日、丁亥日、丁未日、癸丑日、戊申日、戊子日、乙亥日值巨门星八白或武曲星八白。

丙戌年第六元庚午日卯时，丁亥日申时、酉时吉。第四元丙辰日，第六元庚子日卯时、丙寅日吉。第三元甲午日、乙未日、丙子日、丙午日、丙申日、甲戌日、戊子日、壬子日值破军星七赤或禄存星七赤。

丁亥年第三元癸未日未时，第六元丁亥日丑时、丁巳日丑时、己卯日未时吉。第四元甲辰日、丙午日、丁未日、戊申日、庚戌日、己丑日、壬申日、壬寅日、壬戌日、甲子日值文曲星六白或弼星一白。

戊子年第六元丙辰日、壬午日辰时，戊辰日、壬子日辰时吉。第六元戊午日子时、丑时，甲辰日卯时，十月庚子日戌时、亥时吉。第六元、第七元甲寅日、壬戌日、乙卯日、丁巳日、丙子日、癸亥日、乙丑日、庚辰日值廉贞星五黄或弼星五黄。

己丑年第五元己亥日卯时，壬午日未时吉。第二元己未日辰时，第三元辛巳日卯时吉。第一元、第二元庚寅日、丙寅日、壬申日、丙子日、戊寅日、己丑日、壬子日、壬辰日、乙亥日、甲辰日、戊午日值贪狼星九紫。

庚寅年第二元壬午日申时、酉时，第三元丙戌日卯时吉。四月戊戌日辰时，正月第六元癸卯日辰时大吉。第六元、第七元乙亥日、己丑日、丙申日、甲辰日、戊午日、丙寅日、庚辰日、癸未日、戊子日、甲申日、丙子日值巨门星八白或武曲星八白。

辛卯年第二元壬辰日申时、酉时，辛未日、卯日、辰日卯时、辰时，第一元丙戌日卯时吉。第三元丙子日、甲申日、丙午日、癸巳日、乙未日、癸卯日、丙申日、乙亥日、辛丑日、辛卯日值破军星七赤或禄存星七赤。

壬辰年第六元壬午日申时、酉时，第四元壬戌日辰时吉。第三元壬申日申时、酉时，第一元辛未日卯时大吉。第四元、第五元癸亥日、癸卯日、癸未日、甲辰日、戊午日、丁卯日、甲戌日、甲子日、戊子日、癸酉日、癸丑日值破军星三碧或文曲星六白。

癸巳年第五元庚午日卯时，第二元癸未日辰时，第六元癸酉日辰时吉，丙辰日吉。第三元丁巳日、丙子日、癸亥日、甲申日、癸巳日、丁未日、甲寅日、庚申日、甲子日、癸丑日、戊申日值廉贞星五黄或弼星五黄。

甲午年第五元庚午日戌时、亥时，第三元戊寅日卯时、辰时，甲午日、甲子日卯时吉。第一元、第二元丙寅日、甲戌日、戊子日、丙申日、丙辰日、戊午日、丙子日、甲申日、壬辰日、丙午日、甲寅日值贪狼星九紫，或廉贞星九紫，或辅星二黑。

乙未年第一元丁亥日申时、酉时，第五元辛未日卯时，庚午日戌时、亥时，庚子日卯时吉。第六元、第七元乙亥日、戊子日、己丑日、丙申日、乙巳日、戊午日、壬午日、庚申日、己酉日、乙酉日、丙辰日、己亥日、丁亥日值廉贞星五黄，或弼星五黄，或巨门星八白，或武曲星八白。

丙申年第二元壬午日酉时，第三元丙寅日卯时吉。第七元癸未日午时、未时，丙辰日卯时、辰时吉。第三元甲午日、壬申日、庚戌日、庚辰日、壬戌日、癸巳日、丙午日、丙子日、乙卯日、辛丑日值破军星七赤，或禄存星七赤，或辅星六白。

丁酉年第六元丁卯日辰时，第三元癸未日癸未时吉。第六元丙辰日、壬午日、壬辰日丑时值文曲星六白，吉。第四元壬寅日、庚戌日、甲子日、乙丑日、甲午日、丙午日、丙子日、壬戌日、壬申日、辛亥日、甲申日、丙戌日值文曲星六白或弼星一白。

戊戌年第一元丙戌日卯时，第四元癸未日，第一元戊午日、戊辰日未时，第二元壬午日辰时吉。第五元、第七元壬戌日、癸亥日、甲寅日、乙卯日、甲申日、乙酉日、丁未日、丁丑日、辛未日、丁巳日、甲子日、甲午日值廉贞星五黄或弼星五黄。

己亥年第五元己卯日卯时，七月辛未日卯时，丁未日戌时、亥时吉。第三元己巳日，第二元辛卯日，十月己未日卯时大吉。第一元、第二元丙寅日、丁卯日、甲戌日、乙亥日、戊子日、己丑日、甲辰日、乙巳日、壬申日、壬寅日、甲子日、甲午日值贪狼星，丙子日、丁丑日、丙午日、癸亥日、癸未日、甲申日、甲寅日值贪狼星九紫或廉贞星九紫。

庚子年第五元庚午日卯时，第六元壬子日卯时、甲午日，第二元辛未日、庚申日卯时吉。第五元、第七元丁亥日、丙戌日、辛丑日、戊寅日、乙酉日、癸巳日、丙午日、丁丑日、庚寅日、庚申、戊戌日、癸丑日、丁未日、丙子日值巨门星八白，或武曲星八白，或弼星五黄，或廉贞星五黄。

辛丑年第五元辛未日、癸丑日，第四元癸未日，第五元辛酉日吉。第一元壬辰日、庚午日卯时，壬子日大吉。第三元庚申日、乙卯日、戊戌日、己亥日、丙寅日、丙辰日、乙巳日、辛丑日值破军星七赤，或禄存星七赤，或辅星二黑。

壬寅年第二元壬午日申时、酉时，第三元壬寅日、癸未日吉。第四元壬戌日、庚申日、辛卯日值文曲星六白，大吉。第四元、第五元癸卯日、甲子日、壬申日、甲午日、癸酉日、甲辰日、戊午日、己未日、丁卯日、丙申日、丁巳日值文曲星六白或辅星六白。

癸卯年第六元乙卯日卯时，丁亥日、甲申日、壬辰日大吉，庚午日卯时、癸卯日辰时，第五元辛未日大吉。第三元丙辰日、戊午日、丁未日、甲寅日、丁卯日、庚申日、壬戌日、丁巳日、乙未日、甲子日、甲辰日、癸丑日、己丑日、丙子日、乙巳日、壬子日、辛酉日、丙午日、戊申日、戊戌日值廉贞星五黄。

甲辰年第三元己亥日卯时、己巳日卯时，第四元癸未日未时吉，甲申日、戊戌日，第二辛未日大吉。第一元、第二元甲寅日、丙子日、壬寅日、丙申日、丁未日、辛亥日、辛丑日、乙卯日、庚午日、戊子日、癸亥日、乙丑日、壬申日值贪狼星九紫，或廉贞星九紫，或辅星二黑。

乙巳年第二元己亥日巳时，第六元癸丑日、壬午日辰时吉。第四元癸未日戌时，辛卯日申时、酉时吉。第六元、第七元乙未日、戊寅日、庚辰日、庚午日、乙酉日、丁未日、丙子日、甲申日、癸亥日、丙午日、戊子日、丁亥日值巨门星八白，或武曲星八白，或廉贞星五黄，或弼星五黄。

丙午年第四元甲午日午时、未时，甲戌日卯时吉。第六元丙寅日寅时、卯时，丙戌日午时吉。第三元庚寅日、戊戌日、乙未日、丁卯日、庚子日、辛亥日、己亥日值破军星七赤或禄存星七赤。

丁未年第三元丁卯日卯时、辰时，己卯日午时、未时；第二元辛未日戌时、亥时，乙亥日辰时吉，庚午日卯时吉。第四元戊辰日、甲辰日、壬寅日、庚戌日、庚申日、壬申日、辛亥日、壬子日、丁未日、癸丑日、乙酉日、丁酉日、癸酉日值文曲星七赤或禄存星七赤。

戊申年庚子日卯时，第六元丙辰日卯时，第四元壬子日申时、酉时，第二元辛未日卯时、辰时以及庚申日卯时、戊申日辰时大吉。第五元、第七元壬戌日、丙午日、戊子日、乙卯日、甲申日、丁未日、甲寅日、己未日、乙丑日、己巳日、己丑日、丁丑日、乙丑日值廉贞星五黄或弼星五黄。

己酉年第三元己亥日午时、未时，第五元庚午日卯时，第三元己巳日午时、未时吉。第四元乙未日卯时，第六元辛未日卯时，第五元甲日申时、酉时吉。第一元、第二元戊子日、丙午日、壬申日、庚辰日、甲戌日、丁未日、乙亥日值辅星二黑，壬寅日、辛巳日、壬戌日、丙子日、癸酉日、丁酉日值贪狼星九紫，或廉贞星九紫，或辅星二黑。

庚戌年第四元壬寅日、第三元丙戌日，第五元己卯日午时、未时吉。第三元辛丑日卯时，庚子日卯时，戊寅日辰时吉。第六元、第七元丙子日、庚辰日、戊子日、乙亥日、乙酉日、丁丑日、乙未日、甲子日、壬申日、甲申日、丁卯日、丁未日、癸丑日值巨门星八白，或武曲星八白，或廉贞星五黄，或弼星五黄。

辛亥年第二元庚午日卯时、辛卯日卯时、壬寅日酉时，第四元癸未日辰时吉。第五元辛酉日戌时、亥时，第七元辛未日卯时、辰时大吉。第三元庚寅日、乙未日、戊子日、丁丑日、丁卯日、丙申日、庚子日、戊申日、戊午日、丙寅日、乙亥日、甲子日、乙酉日、丙申日值破军星七赤，或禄存星七赤，或辅星六白，或文曲星六白。

壬子年第二元壬午日申时、酉时，第三元壬辰日丑时、壬申日酉时，戊辰日申时、乙卯日卯时吉。第五元辛卯日卯时，癸丑日、辰日吉。第五元乙巳日、丙子日、甲辰日、己未日、癸亥日、辛亥日、丁未日、乙酉日、癸酉日、丙寅日、己酉日、甲子日、戊午日值文曲星六白。

癸丑年第一元庚午日卯时，第二元辛未日卯时、辰时，己亥日午时、未时吉，丁亥日申时、酉时吉。第二元辛酉日卯时，癸酉日申时、酉时，壬子日丑时，丙辰日卯时、辰时，庚子日卯时吉。第五元、第三元戊午日、甲寅日、庚辰日、丙午日、丁丑日、甲子日、丁酉日、己未日、壬戌日、戊子日、癸亥日、丁未日、丁巳日值廉贞星五黄或弼星五黄。

甲寅年第一元甲午日午时、未时，戊戌日卯时、辰时，第一元甲戌日午时吉。第六元癸卯日卯时、辰时，甲申日卯时，甲寅日戌时、亥时、戊寅日卯时、辰时，癸酉日辰时吉。第五元庚午日卯时大吉。第一元、第二元丙子日、乙酉日、乙亥日、丁亥日、辛亥日、壬申日、丙寅日、丙戌日、丁丑日、丁卯日、己巳日、戊辰日、戊午日、己未日、丙申日、己丑日、辛卯日值贪狼星九紫，或廉贞星九紫，或辅星二黑。

　　乙卯年第一元甲午日午时、乙未日，第二元乙卯日、酉日，第四元癸未日、丁亥日，第六元丙戌日丙戌时吉。第六元、第七元壬午日、癸未日、辛卯日、壬子日、辛酉日、己巳日、壬戌日、丁丑日、丁未日、癸巳日、己丑日、己未日、丁卯日、丁酉日值巨门星八白，或武曲星八白，或廉贞星五黄，或弼星五黄。

　　丙辰年第一元庚子日、戊辰日、丙戌日，第五元壬子日、庚午日，第六元辛未日吉。第三元乙未日、辛卯日、戊午日、丙子日、乙亥日、丁未日、戊子日、己未日值禄存星七赤，辛亥日、乙丑日值破军星七赤。

　　丁巳年第三元丁亥日，第五元庚午日，第四元癸未日、丙辰日，第二元丁丑日、己卯日，第一元辛卯日吉。第四元甲辰日、丙午日、庚戌日、戊申日、乙巳日、丁未日、辛亥日、壬寅日、壬戌日、戊子日值文曲星六白。

　　戊午年第七元壬午日、丙戌日，第四元丙寅日、庚寅日、辛卯日、甲戌日吉。第五元、第七元甲寅日、乙卯日、壬戌日、庚辰日、戊申日、甲子日、丁未日、丁巳日、丁丑日值廉贞星五黄或弼星五黄。

　　己未年第二元己亥日、辛卯日、己未日，第三元己巳日，第七元辛亥日、戊辰日、壬午日吉。第一元、第二元丙寅日、甲戌日、乙亥日、戊子日、壬申日、癸卯日、丙子日、庚子日、丁未日、辛未日值贪狼星九紫或廉贞星九紫。

庚申年第五元己卯日，第二元癸未日、壬子日、庚子日、壬午日、己卯日、辛卯日吉。第六元、第七元甲寅日、戊子日、丙午日、乙亥日、丁亥日、甲午日、庚戌日、辛亥日为引腊日。

辛酉年第一元庚午日、辛未日，第二元辛丑日、壬辰日，第四元癸未日、辛卯日、壬子日吉。第三元戊子日、戊戌日、己未日、辛亥日、辛巳日、乙亥日、甲午日、乙未日、丁酉日、乙丑日、庚辰日、丙申日值破军星七赤或禄存星七赤。

壬戌年戊午日，第四元壬寅日，第六元丙寅日，第二元庚午日、壬午日吉。第五元甲寅日、甲辰日、丙午日、壬子日、辛亥日、丁丑日、庚辰日、乙卯日、壬戌日值文曲星六白或巨门星三碧。

癸亥年十月癸未日，第一元丁卯日，第六元癸卯日，第七元辛未日吉。第三元丙寅日、甲寅日、戊戌日、壬戌日、戊子日、丁未日、丁丑日、丙辰日、癸丑日、壬子日、癸巳日值廉贞星五黄或弼星五黄。

注释

［1］此处"乙丑日"应为抄多的字。

三合年引腊（一）

sən¹　hi³　sən²　ᵐbe¹　n̠um²　n̠um²　n̠um²　sən¹　hi³　sən²　van¹
申　　子　　辰　　年　　壬　　壬　　壬　　申　　子　　辰　　日

申年、子年、辰年壬申日、壬子日、壬辰日。

ʔjət⁷　ʔjət⁷　ʔjət⁷　ʁa:i³　ma:u⁴　mi²　van¹　tət⁷
乙　　　乙　　　乙　　　亥　　　卯　　　未　　日　　吉

乙亥日、乙卯日、乙未日吉。

hi⁴　ju⁴　su³　ᵐbe¹　qeŋ¹　qeŋ¹　qeŋ¹　sən¹　hi³　sən²　van¹　tət⁷
巳　　酉　　丑　　年　　庚　　庚　　庚　　申　　子　　辰　　日　　吉

巳年、酉年、丑年庚申日、庚子日、庚辰日吉。

ȶui⁵ ȶui⁵ ȶui⁵ hi⁴ ju⁴ su³ van¹ tət⁷
癸　癸　癸　巳　酉　丑　日　吉

癸巳日、癸酉日、癸丑日吉。

ji² ŋo² hət⁷ ᵐbe¹ pjeŋ³ pjeŋ³ pjeŋ³ ji² ŋo² hət⁷ van¹
寅　午　戌　年　丙　丙　丙　寅　午　戌　日

寅年、午年、戌年丙寅日、丙午日、丙戌日。

çən¹ çən¹ çən¹ hi⁴ ju⁴ su³ van¹ tət⁷
辛　辛　辛　巳　酉　丑　日　吉

辛巳日、辛酉日、辛丑日吉。

ʁa:i³ ma:u⁴ mi² ᵐbe¹ ta:p⁷ ta:p⁷ ta:p⁷ ji² ŋo² hət⁷ van¹
亥　卯　未　年　甲　甲　甲　寅　午　戌　日

亥年、卯年、未年甲寅日、甲午日、甲戌日。

tjeŋ¹　tjeŋ¹　tjeŋ¹　ʁa:i³　ma:u⁴　mi²　van¹　tət⁷
丁　　丁　　丁　　亥　　卯　　未　　日　　吉

丁亥日、丁卯日、丁未日吉。

篇章意译

　　申年、子年、辰年壬申日、壬子日、壬辰日、乙亥日、乙卯日、乙未日吉。

　　巳年、酉年、丑年庚申日、庚子日、庚辰日、癸巳日、癸酉日、癸丑日吉。

　　寅年、午年、戌年丙寅日、丙午日、丙戌日、辛巳日、辛酉日、辛丑日吉。

　　亥年、卯年、未年甲寅日、甲午日、甲戌日、丁亥日、丁卯日、丁未日吉。

三合年引腊（二）

sən¹　hi³　sən²　ᵐbe¹　tui⁵　tui⁵　tui⁵　hi⁴　ju⁴　su³　van¹
申　　子　　辰　　年　　癸　　癸　　癸　　巳　　酉　　丑　　日

申年、子年、辰年癸巳日、癸酉日、癸丑日。

ȵum²　ȵum²　ȵum²　ji²　ŋo²　hət⁷　van¹　tət⁷
壬　　　壬　　　壬　　　寅　　午　　戌　　日　　吉

壬寅日、壬午日、壬戌日吉。

hi⁴　ju⁴　su³　ᵐbe¹　ɕən¹　ɕən¹　ɕən¹　ka:i³　ma:u⁴　mi²　van¹　tət⁷
巳　　酉　　丑　　年　　辛　　辛　　辛　　亥　　　卯　　　未　　日　　吉

巳年、酉年、丑年辛亥日、辛卯日、辛未日吉。

ȶui⁵　ȶui⁵　ȶui⁵　hi⁴　ju⁴　su³　van¹　ȶət⁷
癸　　癸　　癸　　巳　　酉　　丑　　日　　吉

癸巳日、癸酉日、癸丑日吉。

ji²　ŋo²　hət⁷　ᵐbe¹　ha:m¹　pjeŋ³　pjeŋ³　pjeŋ³　ji²　ŋo²　hət⁷　van¹
寅　　午　　戌　　年　　三　　丙　　丙　　丙　　寅　　午　　戌　　日

寅年、午年、戌年丙寅日、丙午日、丙戌日。

ha:m¹　ȶa:p⁷　ȶa:p⁷　ȶa:p⁷　ji²　ŋo²　hət⁷　van¹　ȶət⁷
三　　甲　　甲　　甲　　寅　　午　　戌　　日　　吉

甲寅日、甲午日、甲戌日吉。

ʁa:i³　ma:u⁴　mi²　ᵐbe¹　ha:m¹　ɕən¹　ɕən¹　ɕən¹　ʁa:i³　ma:u⁴　mi²　van¹
亥　　卯　　未　　年　　三　　辛　　辛　　辛　　亥　　卯　　未　　日

亥年、卯年、未年辛亥日、辛卯日、辛未日。

ȶui⁵　ȶui⁵　ȶui⁵　ʁa:i³　ma:u⁴　mi²　van¹　tət⁷
癸　　癸　　癸　　亥　　卯　　未　　日　　吉

癸亥日、癸卯日、癸未日吉。

篇章意译

　　申年、子年、辰年癸巳日、癸酉日、癸丑日、壬寅日、壬午日、壬戌日吉。

　　巳年、酉年、丑年辛亥日、辛卯日、辛未日、癸巳日、癸酉日、癸丑日吉。

　　寅年、午年、戌年丙寅日、丙午日、丙戌日、甲寅日、甲午日、甲戌日吉。

　　亥年、卯年、未年辛亥日、辛卯日、辛未日、癸亥日、癸卯日、癸未日吉。

三合年引腊（三）

sən¹　hi³　sən²　ᵐbe¹　ha:m¹　pjeŋ³　pjeŋ³　pjeŋ³　sən¹　hi³　sən²　van¹
申　　子　　辰　　年　　三　　丙　　丙　　丙　　申　　子　　辰　　日

申年、子年、辰年丙申日、丙子日、丙辰日。

pjeŋ³　pjeŋ³　pjeŋ³　sən¹　hi³　sən²　van¹　ȶət⁷
壬　　　壬　　　壬　　　申　　子　　辰　　日　　吉

壬申日、壬子日、壬辰日吉。

hi⁴　ju⁴　su³　ᵐbe¹　ha:m¹　ȶui⁵　ȶui⁵　ȶui⁵　hi⁴　ju⁴　su³　van¹　ȶət⁷
巳　　酉　　丑　　年　　三　　癸　　癸　　癸　　巳　　酉　　丑　　日　　吉

巳年、酉年、丑年癸巳日、癸酉日、癸丑日吉。

ȶi¹　ȶi¹　ȶi¹　hi⁴　ju⁴　su³　van¹　tət⁷
己　　己　　己　　巳　　酉　　丑　　日　　吉

己巳日、己酉日、己丑日吉。

ji²　ŋo²　hət⁷　ᵐbe¹　ha:m¹　pjeŋ³　pjeŋ³　pjeŋ³　ji²　ŋo²　hət⁷　van¹
寅　　午　　戌　　年　　三　　　丙　　　丙　　　丙　　寅　　午　　戌　　日

寅年、午年、戌年丙寅日、丙午日、丙戌日。

ȶa:p⁷　ȶa:p⁷　ȶa:p⁷　ji²　ŋo²　hət⁷　van¹　tət⁷
甲　　　甲　　　甲　　　寅　　午　　戌　　日　　吉

甲寅日、甲午日、甲戌日吉。

ʁa:i³　ma:u⁴　mi²　ᵐbe¹　ha:m¹　çən¹　çən¹　çən¹　ʁa:i³　ma:u⁴　mi²　van¹
亥　　　卯　　　未　　年　　三　　　辛　　辛　　辛　　亥　　　卯　　　未　　日

亥年、卯年、未年辛亥日、辛卯日、辛未日。

ȶui⁵　ȶui⁵　ȶui⁵　ʁa:i³　ma:u⁴　mi²　van¹　ȶət⁷
癸　　癸　　癸　　亥　　卯　　未　　日　　吉

癸亥日、癸卯日、癸未日吉。

篇章意译

　　申年、子年、辰年丙申日、丙子日、丙辰日、壬申日、壬子日、壬辰日吉。

　　巳年、酉年、丑年癸巳日、癸酉日、癸丑日、己巳日、己酉日、己丑日吉。

　　寅年、午年、戌年丙寅日、丙午日、丙戌日、甲寅日、甲午日、甲戌日吉。

　　亥年、卯年、未年辛亥日、辛卯日、辛未日、癸亥日、癸卯日、癸未日吉。

引腊日方

ȵum² sən² ᵐbe¹ ma:u⁴ fa:ŋ¹
壬　辰　年　卯　方
壬辰年卯方。

ha:m¹ ɕən¹ ɕən¹ ɕən¹ ʁa:i³ ma:u⁴ mi² van¹ tət⁷
三　辛　辛　辛　亥　卯　未　日　吉
辛亥日、辛卯日、辛未日吉。

ha:m¹ ȵum² ȵum² ȵum² sən¹ hi³ sən² van¹ tət⁷
三　壬　壬　壬　申　子　辰　日　吉
壬申日、壬子日、壬辰日吉。

mu² ʨui⁵ ᵐbe¹ ŋo² fa:ŋ¹
戊 癸 年 午 方
戊癸年午方。

ha:m¹ ʨi¹ ʨi¹ ʨi¹ hi⁴ ju⁴ su³ van¹ tət⁷
三 己 己 己 巳 酉 丑 日 吉
己巳日、己酉日、己丑日吉。

ha:m¹ ɕən¹ ɕən¹ ɕən¹ hi⁴ ju⁴ su³ van¹ tət⁷
三 辛 辛 辛 巳 酉 丑 日 吉
辛巳日、辛酉日、辛丑日吉。

ʔjət⁷ ma:u⁴ ᵐbe¹ ma:u⁴ fa:ŋ¹
乙 卯 年 卯 方
乙卯年卯方。

ha:m¹　ta:p⁷　ta:p⁷　ta:p⁷　ji²　ŋo²　hət⁷　van¹　tət⁷
　三　　甲　　甲　　甲　　寅　　午　　戌　　日　　吉

甲寅日、甲午日、甲戌日吉。

ha:m¹　ʔjət⁷　ʔjət⁷　ʔjət⁷　ʁa:i³　ma:u⁴　mi²　van¹　tət⁷
　三　　　乙　　　乙　　　乙　　亥　　　卯　　　未　　日　　吉

乙亥日、乙卯日、乙未日吉。

qeŋ¹　ɕən¹　ᵐbe¹　ŋo²　fa:ŋ¹
　庚　　辛　　年　　午　　方

庚辛年午方。

ha:m¹　qeŋ¹　qeŋ¹　qeŋ¹　ji²　ŋo²　hət⁷　van¹　tət⁷
　三　　庚　　庚　　庚　　寅　　午　　戌　　日　　吉

庚寅日、庚午日、庚戌日吉。

tjeŋ¹　tjeŋ¹　tjeŋ¹　hi⁴　ju⁴　su³　van¹　tət⁷
丁　　　丁　　　丁　　　巳　　酉　　丑　　日　　　吉

丁巳日、丁酉日、丁丑日吉。

ha:m¹　qeŋ¹　qeŋ¹　qeŋ¹　sən¹　hi³　sən²　van¹
三　　　庚　　　庚　　　庚　　　申　　　子　　辰　　　日

庚申日、庚子日、庚辰日。

ha:m¹　ɕən¹　ɕən¹　ɕən¹　ʁa:i³　ma:u⁴　mi²　van¹　tət⁷　tət⁷
三　　　辛　　　辛　　　辛　　　亥　　　卯　　　未　　　日　　　吉　　　吉

辛亥日、辛卯日、辛未日大吉。

pjeŋ²　ji²　ᵐbe¹　ŋo²　fa:ŋ¹
丙　　　寅　　年　　　午　　　方

丙寅年午方。

ha:m¹ qeŋ¹ qeŋ¹ qeŋ¹ ji² ŋo² hət⁷ van¹ tət⁷
三　庚　庚　庚　寅　午　戌　日　吉

庚寅日、庚午日、庚戌日吉。

ha:m¹ tjeŋ¹ tjeŋ¹ tjeŋ¹ hi⁴ ju⁴ su³ van¹ tət⁷
三　丁　丁　丁　巳　酉　丑　日　吉

丁巳日、丁酉日、丁丑日吉。

tjeŋ¹ su³ ᵐbe¹ ju⁴ fa:ŋ¹
丁　丑　年　酉　方

丁丑年酉方。

ha:m¹ pjeŋ³ pjeŋ³ pjeŋ³ ji² ŋo² hət⁷ van¹ tət⁷
三　丙　丙　丙　寅　午　戌　日　吉

丙寅日、丙午日、丙戌日吉。

ha:m¹ ȵi¹ ȵi¹ ȵi¹ hi⁴ ju⁴ su³ van¹ tət⁷
三　己　己　己　巳　酉　丑　日　吉

己巳日、己酉日、己丑日吉。

ȵum² ŋo² ᵐbe¹ hət⁷ fa:ŋ¹
壬　　午　　年　　戌　　方

壬午年戌方。

ha:m¹ ȵum² ȵum² ȵum² ji² ŋo² hət⁷ van¹ tət⁷
三　壬　壬　壬　寅　午　戌　日　吉

壬寅日、壬午日、壬戌日吉。

ha:m¹ tjeŋ¹ tjeŋ¹ tjeŋ¹ ɕa:i³ ma:u⁴ mi² van¹ tət⁷
三　丁　丁　丁　亥　卯　未　日　吉

丁亥日、丁卯日、丁未日吉。

296

mu² hi³ ᵐbe¹ hi⁴ fa:ŋ¹
戊　子　年　巳　方
戊子年巳方。

ha:m¹ ȵi¹ ȵi¹ ȵi¹ hi⁴ ju⁴ su³ van¹ tət⁷
三　己　己　己　巳　酉　丑　日　吉
己巳日、己酉日、己丑日吉。

ha:m¹ pjeŋ³ ha:m¹ mu² sən¹ hi³ sən² van¹ tət⁷
三　丙　三　戊　申　子　辰　日　吉
丙申日、丙子日、丙辰日、戊申日、戊子日、戊辰日吉。

ȵi¹ su³ ᵐbe¹ hi⁴ fa:ŋ¹
己　丑　年　巳　方
己丑年巳方。

297

ha:m¹　ȶi¹　ȶi¹　ȶi¹　hi⁴　ju⁴　su³　van¹　tət⁷
　三　　己　　己　　己　　巳　　酉　　丑　　日　　吉
己巳日、己酉日、己丑日吉。

ha:m¹　pjeŋ³　ha:m¹　mu²　sən¹　hi³　sən²　van¹　tət⁷
　三　　丙　　　三　　戊　　申　　子　　辰　　日　　吉
丙申日、丙子日、丙辰日、戊申日、戊子日、戊辰日吉。

ȶa:p⁷　hət⁷　ᵐbe¹　sən²　hi⁴　fa:ŋ¹
　甲　　戌　　年　　辰　　巳　　方
甲戌年辰方、巳方。

ha:m¹　ȶa:p⁷　ȶa:p⁷　ȶa:p⁷　ji²　ŋo²　hət⁷　van¹　tət⁷
　三　　甲　　甲　　甲　　寅　　午　　戌　　日　　吉
甲寅日、甲午日、甲戌日吉。

pjeŋ³	pjeŋ³	pjeŋ³	ji²	ŋo²	hət⁷	van¹	tət⁷
丙	丙	丙	寅	午	戌	日	吉

丙寅日、丙午日、丙戌日吉。

篇章意译

　　壬辰年卯方，辛亥日、辛卯日、辛未日吉，壬申日、壬子日、壬辰日吉。

　　戊癸年午方，己巳日、己酉日、己丑日吉，辛巳日、辛酉日、辛丑日吉。

　　乙卯年卯方，甲寅日、甲午日、甲戌日吉，乙亥日、乙卯日、乙未日吉。

　　庚辛年午方，庚寅日、庚午日、庚戌日吉，丁巳日、丁酉日、丁丑日吉，庚申日、庚子日、庚辰日、辛亥日、辛卯日、辛未日大吉。

　　丙寅年午方，庚寅日、庚午日、庚戌日吉，丁巳日、丁酉日、丁丑日吉。

　　丁丑年酉方，丙寅日、丙午日、丙戌日吉，己巳日、己酉日、己丑日吉。

　　壬午年戌方，壬寅日、壬午日、壬戌日吉，丁亥日、丁卯日、丁未日吉。

　　戊子年巳方，己巳日、己酉日、己丑日吉，丙申日、丙子日、丙辰日、戊申日、戊子日、戊辰日吉。

　　己丑年巳方，己巳日、己酉日、己丑日吉，丙申日、丙子日、丙

辰日、戊申日、戊子日、戊辰日吉。

　　甲戌年辰方、巳方，甲寅日、甲午日、甲戌日吉，丙寅日、丙午日、丙戌日吉。

官印（一）

hi³　ŋo²　ma:u⁴　ju⁴　ᵐbe¹

子　午　卯　酉　年

子年、午年、卯年、酉年。

ha:m¹ ɕən¹ ɕən¹ ɕən¹ hi⁴ ju³ su³ van¹ fa:ŋ¹ si² ȶu³ kuwa:n³ˀ jən⁵ pu² ȶət⁷

三　辛　辛　辛　巳　酉　丑　日　方　时　九　　官印　　辅　吉

辛巳、辛酉、辛丑日、方、时这九者为官印，值辅星，吉。

su³　mi²　sən²　hət⁷　ᵐbe¹

丑　未　辰　戌　年

丑年、未年、辰年、戌年。

ha:m¹ ʔjət⁷ ʔjət⁷ ʔjət⁷ ʁa:i³ ma:u⁴ mi² van¹ fa:ŋ¹ si² tu³ kuwa:n³ʔjən⁵ pu² tət⁷
三　乙　乙　乙　亥　卯　未　日　方　时　九　　官印　　辅　吉

乙亥、乙卯、乙未日、方、时这九者为官印，值辅星，吉。

ji² sən¹ hi⁴ ʁa:i³ mbe¹
寅　申　巳　亥　年

寅年、申年、巳年、亥年。

ha:m¹ tjeŋ¹ tjeŋ¹ tjeŋ¹ hi⁴ ju⁴ su³ van¹ fa:ŋ¹ si² tu³ kuwa:n³ʔjən⁵ pu² tət⁷
三　丁　丁　丁　巳　酉　丑　日　方　时　九　　官印　　辅　吉

丁巳、丁酉、丁丑日、方、时这九者为官印，值辅星，吉。

篇章意译

　　子年、午年、卯年、酉年，辛巳、辛酉、辛丑日、方、时这九者为官印，值辅星，吉。

　　丑年、未年、辰年、戌年，乙亥、乙卯、乙未日、方、时这九者为官印，值辅星，吉。

　　寅年、申年、巳年、亥年，丁巳、丁酉、丁丑日、方、时这九者为官印，值辅星，吉。

官印（二）

sən¹　hi³　sən²　ᵐbe¹　sən¹　ha:m¹　ȵot⁷　si²　ji²　si²
申　　子　　辰　　年　　春　　三　　　月　　时　寅　时

申年、子年、辰年春三月寅时。

ȵum²　sən¹　tui⁵　ju⁴　van¹　sən¹　ju⁴　fa:ŋ¹
壬　　　申　　癸　　酉　　日　　申　　酉　　方

壬申日、癸酉日申方、酉方。

ti²　ʔjət⁷　ti²　ȵi²　mi²　fa:ŋ¹　kwa:n³ʔjən⁵　tət⁷
第　　一　　第　　二　　未　　方　　　官　印　　吉

第一元、第二元未方为官印，吉。

hi⁴ ju⁴ su³ ᵐbe¹ ja³ ha:m¹ ɲot⁷ ma:u⁴ si²
巳　酉　丑　年　夏　三　月　卯　时

巳年、酉年、丑年夏三月卯时。

ȵum² hət⁷ ȶi¹ ʁa:i³ van¹ hət⁷ ʁa:i³ fa:ŋ¹
壬　戌　己　亥　日　戌　亥　方

壬戌日、己亥日戌方、亥方。

ti² ha:m¹ ti² hi⁵ su³ fa:ŋ¹ kwa:n³ʔjən⁵ tət⁷
第　三　第　四　丑　方　官　印　吉

第三元、第四元丑方为官印，吉。

ji² ŋo² hət⁷ ᵐbe¹ ɕu¹ ha:m¹ ɲot⁷ ŋo² ju⁴ hət⁷ si²
寅　午　戌　年　秋　三　月　午　酉　戌　时

寅年、午年、戌年秋三月午时、酉时、戌时。

ȶui⁵ ju⁴ van¹ mu² ji² hət⁷ ʁa:i³ fa:ŋ¹
癸 酉 日 戊 寅 戌 亥 方

癸酉日、戊寅日戌方、亥方。

ti² ŋo⁴ ti² ljok⁸ ŋo² ju⁴ ji² fa:ŋ¹ kwa:n³² jən⁵ tət⁷
第 五 第 六 午 酉 寅 方 官 印 吉

第五元、第六元午方、酉方、寅方为官印,吉。

ʁa:i³ ma:u⁴ mi² ᵐbe¹ toŋ¹ ha:m¹ ɲot⁷ sən¹ si²
亥 卯 未 年 冬 三 月 申 时

亥年、卯年、未年冬三月申时。

ȶui⁵ ju⁴ van¹ ʔjət⁷ ʁa:i³ van¹ ta:p⁷ sən¹ van¹ ʁa:i³ sən¹ fa:ŋ¹
癸 酉 日 乙 亥 日 甲 申 日 亥 申 方

癸酉日、乙亥日、甲申日亥方、申方。

ti²	ljok⁸	ti²	ɕət⁷	ma:u⁴	fa:ŋ¹	kwa:n³ʔjən⁵	ɬət⁷
第	六	第	七	卯	方	官印	吉

第六元、第七元卯方为官印，吉。

篇章意译

  申年、子年、辰年春三月寅时，壬申日、癸酉日申方、酉方，第一元、第二元未方为官印，吉。

  巳年、酉年、丑年夏三月卯时，壬戌日、己亥日戌方、亥方，第三元、第四元丑方为官印，吉。

  寅年、午年、戌年秋三月午时、酉时、戌时，癸酉日、戊寅日戌方、亥方，第五元、第六元午方、酉方、寅方为官印，吉。

  亥年、卯年、未年冬三月申时，癸酉日、乙亥日、甲申日亥方、申方，第六元、第七元卯方为官印，吉。

六十年官印

ȶa:p⁷ hi³ ᵐbe¹ ȶa:p⁷ ji² van¹ ȵum² ji² van¹ tət⁷ kwa:n³ʔjən⁵
甲　子　年　甲　寅　日　壬　寅　日　吉　官印

甲子年甲寅日、壬寅日为官印，吉。

ȶa:p⁷ sən² ᵐbe¹ ɕən¹ ju⁴ van¹ ȶa:p⁷ sən² van¹ ɕən¹ su³ tət⁷
甲　辰　年　辛　酉　日　甲　辰　日　辛　丑　吉

甲辰年辛酉日、甲辰日、辛丑日吉。

pjeŋ³ hi³ ᵐbe¹ ɕən¹ ma:u⁴ van¹ ɕən¹ ʁa:i³ van¹ tət⁷ kwa:n³ʔjən⁵
丙　子　年　辛　卯　日　辛　亥　日　吉　官印

丙子年辛卯日、辛亥日为官印，吉。

水书 引腊备要卷

qeŋ¹ sən² ᵐbe¹ qeŋ¹ ŋo² van¹ qeŋ¹ hət⁷ van¹ tət⁷
庚 辰 年 庚 午 日 庚 戌 日 吉

庚辰年庚午日、庚戌日吉。

mu² hi³ ᵐbe¹ mu² ji² van¹ qeŋ¹ hət⁷ van¹ tət⁷ kwa:n³ʔjən⁵
戊 子 年 戊 寅 日 庚 戌 日 吉 官印

戊子年戊寅日、庚戌日为官印，吉。

pjeŋ³ sən² ᵐbe¹ ȵum² sən¹ van¹ ɕən¹ hi⁴ van¹ ɕən¹ ju⁴ van¹ tət⁷
丙 辰 年 壬 申 日 辛 巳 日 辛 酉 日 吉

丙辰年壬申日、辛巳日、辛酉日吉。

qeŋ¹ hi³ ᵐbe¹ qeŋ¹ ji² van¹ pjeŋ³ ŋo² van¹ pjeŋ³ hət⁷ van¹ tət⁷ kwa:n³ʔjən⁵
庚 子 年 庚 寅 日 丙 午 日 丙 戌 日 吉 官印

庚子年庚寅日、丙午日、丙戌日为官印，吉。

mu² sən² ᵐbe¹ çən¹ ma:u⁴ van¹ çən¹ ʁa:i³ van¹ kwa:n³ʔjən⁵ tət⁷
戊　辰　年　辛　卯　日　辛　亥　日　　官印　　吉

戊辰年辛卯日、辛亥日为官印，吉。

ȵum² hi³ ᵐbe¹ ȵum² ŋo² van¹ ȵum² ji² van¹ tət⁷ kwa:n³ʔjən⁵
壬　子　年　壬　午　日　壬　寅　日　吉　官印

壬子年壬午日、壬寅日为官印，吉。

ȵum² sən² ᵐbe¹ qeŋ¹ ji² van¹ qeŋ¹ ŋo² qeŋ¹ sən¹ van¹ tət⁷
壬　辰　年　庚　寅　日　庚　午　庚　申　日　吉

壬辰年庚寅日、庚午日、庚申日吉。

tui¹ hi⁴ ᵐbe¹ tui⁵ ju⁴ van¹ tui⁵ su³ van¹ çən¹ hi⁴ van¹ tət⁷
癸　巳　年　癸　酉　日　癸　丑　日　辛　巳　日　吉

癸巳年癸酉日、癸丑日、辛巳日吉。

水书 引腊备要卷

ȶui⁵　ju⁴　ᵐbe¹　ɕən¹　ju⁴　van¹　kwa:n³ʔjən⁵　ȶət⁷
癸　　酉　　年　　辛　　酉　　日　　官印　　　　吉

癸酉年辛酉日为官印，吉。

tjeŋ¹　hi⁴　ᵐbe¹　ɕən¹　su³　van¹　tjeŋ¹　su³　van¹　hi⁴　van¹　ȶət⁷
丁　　巳　　年　　辛　　丑　　日　　丁　　丑　　日　　巳　　日　　吉

丁巳年辛丑日、丁丑日、巳日吉。

ʔjət⁷　ju⁴　ᵐbe¹　ʔjət⁷　su³　van¹　kwa:n³ʔjən⁵　ȶət⁷
乙　　酉　　年　　乙　　丑　　日　　官印　　　　吉

乙酉年乙丑日为官印，吉。

ɕən¹　hi⁴　ᵐbe¹　ɕən¹　ju⁴　van¹　ɕən¹　su³　van¹　kwa:n³ʔjən⁵　ȶət⁷
辛　　巳　　年　　辛　　酉　　日　　辛　　丑　　日　　官印　　　　吉

辛巳年辛酉日、辛丑日为官印，吉。

tjeŋ¹ ju⁴ ᵐbe¹ tjeŋ¹ su³ van¹ kwa:n³ʔjən⁵ ȶət⁷
丁　　酉　年　丁　　丑　日　　官印　　吉

丁酉年丁丑日为官印，吉。

ʔjət⁷ hi⁴ ᵐbe¹ ȶui⁵ ju⁴ van¹ ȶui⁵ hi⁴ van¹ ȶət⁷
乙　　巳　年　癸　　酉　日　癸　　巳　日　吉

乙巳年癸酉日、癸巳日吉。

ȶi¹ ju⁴ ᵐbe¹ ɕən¹ ju⁴ van¹ kwa:n³ʔjən⁵ ȶət⁷
己　　酉　年　辛　　酉　日　　官印　　吉

己酉年辛酉日为官印，吉。

ȶi¹ hi⁴ ᵐbe¹ ɕən¹ su³ van¹ ɕən¹ hi⁴ van¹ ȶət⁷ kwa:n³ʔjən⁵
己　　巳　年　辛　　丑　日　辛　　巳　日　吉　　官印

己巳年辛丑日、辛巳日为官印，吉。

水书 引腊备要卷

çən¹ ju⁴ ᵐbe¹ çən¹ su³ van¹ çən¹ ju⁴ van¹ tət⁷
辛 酉 年 辛 丑 日 辛 酉 日 吉

辛酉年辛丑日、辛酉日吉。

ȶui⁵ su³ ᵐbe¹ ȶui⁵ hi⁴ van¹ ȶui⁵ ju⁴ van¹ ȶui⁵ su³ van¹ tət⁷
癸 丑 年 癸 巳 日 癸 酉 日 癸 丑 日 吉

癸丑年癸巳日、癸酉日、癸丑日吉。

ta:p⁷ ji² ᵐbe¹ ta:p⁷ hət⁷ van¹ ta:p⁷ ji² van¹ tət⁷
甲 寅 年 甲 戌 日 甲 寅 日 吉

甲寅年甲戌日、甲寅日吉。

tjeŋ¹ su³ ᵐbe¹ ȶui⁷ su³ van¹ ȶui⁵ ju⁴ van¹ tət⁷
丁 丑 年 癸 丑 日 癸 酉 日 吉

丁丑年癸丑日、癸酉日吉。

pjeŋ³ ji² ᵐbe¹ ɕən¹ ʁa:i³ van¹ ɕən¹ mi² van¹ tət⁷
丙　寅　年　辛　亥　日　辛　未　日　吉

丙寅年辛亥日、辛未日吉。

ɕən¹ su³ ᵐbe¹ ha:m¹ ɕən¹ ʁa:i³ van¹ ma:u⁴ van¹ mi² van¹ tət⁷
辛　丑　年　三　辛　亥　日　卯　日　未　日　吉

辛丑年辛亥日、辛卯日、辛未日吉。

mu² ji² ᵐbe¹ mu² ŋo² van¹ ta:p⁷ ŋo² van¹ tət⁷
戊　寅　年　戊　午　日　甲　午　日　吉

戊寅年戊午日、甲午日吉。

ʔjət⁷ su³ ᵐbe¹ ʔjət⁷ mi² van¹ ʁa:i³ van¹ ma:u⁴ van¹ tət⁷
乙　丑　年　乙　未　日　亥　日　卯　日　吉

乙丑年乙未日、乙亥日、乙卯日吉。

ȵum² ji² ᵐbe¹ ȵum² ŋo² van¹ ȵum² ji² van¹ tət⁷
壬　寅　年　壬　午　日　壬　寅　日　吉
壬寅年壬午日、壬寅日吉。

ȶi¹ su³ ᵐbe¹ ȶi¹ mi² van¹ tjeŋ¹ ʁa:i³ van¹ tjeŋ¹ ma:u⁴ van¹ tət⁷
己　丑　年　己　未　日　丁　亥　日　丁　卯　日　吉
己丑年己未日、丁亥日、丁卯日吉。

qeŋ¹ ji² ᵐbe¹ qeŋ¹ ŋo² van¹ qeŋ¹ hət⁷ van¹ tət⁷
庚　寅　年　庚　午　日　庚　戌　日　吉
庚寅年庚午日、庚戌日吉。

ta:p⁷ ŋo² ᵐbe¹ ȵum² ŋo² van¹ ta:p⁷ hət⁷ van¹ tət⁷ kwa:n³ʔjən⁵
甲　午　年　壬　午　日　甲　戌　日　吉　官印
甲午年壬午日、甲戌日为官印，吉。

ta:p⁷ hət⁷ ᵐbe¹ ta:p⁷ ji² van¹ pjeŋ³ ŋo² van¹ tət⁷
甲　戌　年　甲　寅　日　丙　午　日　吉

甲戌年甲寅日、丙午日吉。

mu² ŋo² ᵐbe¹ mu² ji² van¹ ȵum² ŋo² van¹ tət⁷ kwa:n³ʔjən⁵
戊　午　年　戊　寅　日　壬　午　日　吉　　官印

戊午年戊寅日、壬午日为官印，吉。

mu² hət⁷ ᵐbe¹ ȵum² ŋo² van¹ ta:p⁷ hət⁷ van¹ tət⁷
戊　戌　年　壬　午　日　甲　戌　日　吉

戊戌年壬午日、甲戌日吉。

ȵum² ŋo² ᵐbe¹ ta:p⁷ ji² van¹ ȵum² ŋo² van¹ ta:p⁷ hət⁷ van¹ tət⁷
壬　午　年　甲　寅　日　壬　午　日　甲　戌　日　吉

壬午年甲寅日、壬午日、甲戌日吉。

ȵum² hət⁷ ᵐbe¹ ȵum² ji² van¹ ȵum² ŋo² van¹ tət⁷
壬 戌 年 壬 寅 日 壬 午 日 吉

壬戌年壬寅日、壬午日吉。

pjeŋ³ ŋo² ᵐbe¹ ȵum² ŋo² van¹ tət⁷ kwa:n³ʔjən⁵
丙 午 年 壬 午 日 吉 官印

丙午年壬午日为官印，吉。

pjeŋ³ hət⁷ ᵐbe¹ ȵum² ji² van¹ ȵum² ŋo² pjeŋ³ hət⁷ van¹ tət⁷
丙 戌 年 壬 寅 日 壬 午 丙 戌 日 吉

丙戌年壬寅日、壬午日、丙戌日吉。

qeŋ¹ ŋo² ᵐbe¹ qeŋ¹ ji² van¹ qeŋ¹ hət⁷ van¹ tət⁷
庚 午 年 庚 寅 日 庚 戌 日 吉

庚午年庚寅日、庚戌日为官印，吉。

qeŋ¹ hət⁷ ᵐbe¹ pjeŋ³ ji² van¹ pjeŋ³ hət⁷ van¹ tət⁷
庚　戌　年　丙　寅　日　丙　戌　日　吉

庚戌年丙寅日、丙戌日吉。

ʈui⁵ ʁa:i³ ᵐbe¹ ʈui⁵ ma:u⁴ van¹ ʈui⁵ mi² van¹ tət⁷
癸　亥　年　癸　卯　日　癸　未　日　吉

癸亥年癸卯日、癸未日吉。

ʈui⁵ ma:u⁴ ᵐbe¹ ʈui⁵ mi² van¹ ɕən¹ ʁa:i³ ɕən¹ ma:u⁴ tət⁷
癸　卯　年　癸　未　日　辛　亥　辛　卯　吉

癸卯年癸未日、辛亥日、辛卯日吉。

tjeŋ¹ ʁa:i³ ᵐbe¹ tjeŋ¹ ma:u⁴ van¹ tjeŋ¹ mi² van¹ tət⁷
丁　亥　年　丁　卯　日　丁　未　日　吉

丁亥年丁卯日、丁未日吉。

tjeŋ¹ ma:u⁴ ᵐbe¹ ɕən¹ ʁa:i³ van¹ ȶi¹ mi² ȶui⁵ mi² tət⁷
丁　卯　年　辛　亥　日　己　未　癸　未　吉
丁卯年辛亥日、己未日、癸未日吉。

ɕən¹ ʁa:i³ ᵐbe¹ ɕən¹ ma:u⁴ van¹ ɕən¹ mi² tət⁷
辛　亥　年　辛　卯　日　辛　未　吉
辛亥年辛卯日、辛未日吉。

ɕən¹ ma:u⁴ ᵐbe¹ ɕən¹ ʁa:i³ van¹ ȶui⁵ ma:u⁴ van¹ ȶi¹ ma:u⁴ van¹ tət⁷
辛　卯　年　辛　亥　日　癸　卯　日　己　卯　日　吉
辛卯年辛亥日、癸卯日、己卯日吉。

ʔjət⁷ ʁa:i³ ᵐbe¹ ɕən¹ mi² van¹ ȶui⁵ ma:u⁴ van¹ tət⁷
乙　亥　年　辛　未　日　癸　卯　日　吉
乙亥年辛未日、癸卯日吉。

ʔjət⁷ ma:u⁴ ᵐbe¹ ʔjət⁷ ʁa:i³ van¹ ʔjət⁷ mi² van¹ tət⁷
乙　卯　年　乙　亥　日　乙　未　日　吉

乙卯年乙亥日、乙未日吉。

ʨi¹ ʁa:i³ ᵐbe¹ ʨui⁵ ma:u⁴ van¹ ʨui⁵ mi² van¹ tət⁷
己　亥　年　癸　卯　日　癸　未　日　吉

己亥年癸卯日、癸未日吉。

ʨi¹ ma:u⁴ ᵐbe¹ ʨi¹ mi² van¹ ʨui⁵ mi² van¹ tət⁷
己　卯　年　己　未　日　癸　未　日　吉

己卯年己未日、癸未日吉。

ʨui⁵ mi² ᵐbe¹ ʨui⁵ ma:u⁴ van¹ ʨui⁵ mi² van¹ tət⁷
癸　未　年　癸　卯　日　癸　未　日　吉

癸未年癸卯日、癸未日吉。

ta:p⁷ sən¹ ᵐbe¹ ɕən¹ su³ van¹ ʨui⁵ ju⁴ ɲum² ŋo² van¹ tət⁷
甲　申　年　辛　丑　日　癸　酉　壬　午　日　吉

甲申年辛丑日、癸酉日、壬午日吉。

tjeŋ¹ mi² ᵐbe¹ ɕən¹ ʁa:i³ van¹ ti¹ mi² van¹ tət⁷
丁　未　年　辛　亥　日　己　未　日　吉

丁未年辛亥日、己未日吉。

pjeŋ³ sən¹ ᵐbe¹ ɲum² sən² van¹ ta:p⁷ ju⁴ van¹ tət⁷
丙　申　年　壬　辰　日　甲　戌　日　吉

丙申年壬辰日、甲戌日吉。

ɕən¹ mi² ᵐbe¹ ɕən¹ ʁa:i³ van¹ ɕən¹ ma:u⁴ van¹ ʨui⁵ mi² van¹ tət⁷
辛　未　年　辛　亥　日　辛　卯　日　癸　未　日　吉

辛未年辛亥日、辛卯日、癸未日吉。

mu² sən¹ ᵐbe¹ ȵum² hi³ van¹ ɕən¹ su³ van¹ tət⁷
戊 申 年 壬 子 日 辛 丑 日 吉

戊申年壬子日、辛丑日吉。

ʔjət⁷ mi² ᵐbe¹ ɕən¹ ma:u⁴ van¹ tət⁷ kwa:n³ʔjən⁵
乙 未 年 辛 卯 日 吉 官印

乙未年辛卯日为官印，吉。

qeŋ¹ sən¹ ᵐbe¹ ȵum² hi³ van¹ ɕən¹ su³ van¹ tət⁷
庚 申 年 壬 子 日 辛 丑 日 吉

庚申年壬子日、辛丑日吉。

ti¹ mi² ᵐbe¹ ɕən¹ ʁa:i³ van¹ tət⁷ kwa:n³ʔjən⁵ tət⁷
己 未 年 辛 亥 日 吉 官印 吉

己未年辛亥日为官印，吉。

ȵum² sən¹ ᵐbe¹ pjeŋ³ sən² van¹ ȵum² sən² van¹ tət⁷
壬　申　年　丙　辰　日　壬　辰　日　吉

壬申年丙辰日、壬辰日吉。

篇章意译

  甲子年甲寅日、壬寅日为官印，吉。

  甲辰年辛酉日、甲辰日、辛丑日吉。

  丙子年辛卯日、辛亥日为官印，吉。

  庚辰年庚午日、庚戌日吉。

  戊子年戊寅日、庚戌日为官印，吉。

  丙辰年壬申日、辛巳日、辛酉日吉。

  庚子年庚寅日、丙午日、丙戌日为官印，吉。

  戊辰年辛卯日、辛亥日为官印，吉。

  壬子年壬午日、壬寅日为官印，吉。

  壬辰年庚寅日、庚午日、庚申日吉。

  癸巳年癸酉日、癸丑日、辛巳日吉。

  癸酉年辛酉日为官印，吉。

  丁巳年辛丑日、丁丑日、巳日吉。

  乙酉年乙丑日为官印，吉。

  辛巳年辛酉日、辛丑日为官印，吉。

  丁酉年丁丑日为官印，吉。

  乙巳年癸酉日、癸巳日吉。

己酉年辛酉日为官印，吉。

己巳年辛丑日、辛巳日为官印，吉。

辛酉年辛丑日、辛酉日吉。

癸丑年癸巳日、癸酉日、癸丑日吉。

甲寅年甲戌日、甲寅日吉。

丁丑年癸丑日、癸酉日吉。

丙寅年辛亥日、辛未日吉。

辛丑年辛亥日、辛卯日、辛未日吉。

戊寅年戊午日、甲午日吉。

乙丑年乙未日、乙亥日、乙卯日吉。

壬寅年壬午日、壬寅日吉。

己丑年己未日、丁亥日、丁卯日吉。

庚寅年庚午日、庚戌日吉。

甲午年壬午日、甲戌日为官印，吉。

甲戌年甲寅日、丙午日吉。

戊午年戊寅日、壬午日为官印，吉。

戊戌年壬午日、甲戌日吉。

壬午年甲寅日、壬午日、甲戌日吉。

壬戌年壬寅日、壬午日吉。

丙午年壬午日为官印，吉。

丙戌年壬寅日、壬午日、丙戌日吉。

庚午年庚寅日、庚戌日为官印，吉。

庚戌年丙寅日、丙戌日吉。

癸亥年癸卯日、癸未日吉。

癸卯年癸未日、辛亥日、辛卯日吉。

丁亥年丁卯日、丁未日吉。

丁卯年辛亥日、己未日、癸未日吉。

辛亥年辛卯日、辛未日吉。

辛卯年辛亥日、癸卯日、己卯日吉。

乙亥年辛未日、癸卯日吉。

乙卯年乙亥日、乙未日吉。

己亥年癸卯日、癸未日吉。

己卯年己未日、癸未日吉。

癸未年癸卯日、癸未日吉。

甲申年辛丑日、癸酉日、壬午日吉。

丁未年辛亥日、己未日吉。

丙申年壬辰日、甲戌日吉。

辛未年辛亥日、辛卯日、癸未日吉。

戊申年壬子日、辛丑日吉。

乙未年辛卯日为官印，吉。

庚申年壬子日、辛丑日吉。

己未年辛亥日为官印，吉。

壬申年丙辰日、壬辰日吉。

九高[1]（一）

hi³　ŋo²　ᵐbe¹　ti¹　ʔjət⁷
子　　午　　年　　第　　一

子年、午年第一元。

ȶui⁵　ma:u⁴　van¹　tjeŋ¹　mi²　van¹　ʔjət⁷　mi²　van¹　ȶui⁵　mi²　van¹
癸　　卯　　日　　丁　　未　　日　　乙　　未　　日　　癸　　未　　日

癸卯日、丁未日、乙未日、癸未日。

çən¹　su³　van¹　çən¹　ʁa:i³　van¹　ȶui⁵　ʁa:i³　van¹
辛　　丑　　日　　辛　　亥　　日　　癸　　亥　　日

辛丑日、辛亥日、癸亥日。

325

su³　mi²　hi³　hi⁴　si²　ʈət⁷　ʈu³qa:u³　ti²　ʈu³　qa:u³　ʈət⁷
丑　　未　　子　　巳　　时　　吉　　九高　　第　　九　　高[1]　吉

丑时、未时、子时、巳时为九高、第九高，吉。

su³　mi²　ᵐbe¹　ti²　ȵi²
丑　　未　　年　　第　　二

丑年、未年第二元。

ʈi¹　mi²　van¹　ɕən¹　hi⁴　van¹　ʔjət⁷　mi²　van¹
己　　未　　日　　辛　　巳　　日　　乙　　未　　日

己未日、辛巳日、乙未日。

ŋo²　mi²　si²　ti²　ʈu³　qa:u³
午　　未　　时　　第　　九　　高

午时、未时为第九高。

qeŋ¹ sən² van¹ ȵum² ŋo² van¹ su³ mi² si² sui³ ti² ɬu³ qa:u³ tət⁷

庚　辰　日　壬　午　日　丑　未　时　水　第　九　高　吉

庚辰日、壬午日丑时、未时五行属水，为第九高，吉。

ma:u⁴ ju⁴ ᵐbe¹ ti² ha:m¹

卯　　酉　　年　　第　　三

卯年、酉年第三元。

ȶui⁵ ma:u⁴ van¹ ɕən¹ ʁa:i³ van¹ ʔjət⁷ ju⁴ van¹ ȶui³ hi⁴ van¹

癸　卯　日　辛　亥　日　乙　酉　日　癸　巳　日

癸卯日、辛亥日、乙酉日、癸巳日。

ma:u⁴ sən² hi⁴ si² ɬu³qa:u³

卯　辰　巳　时　九高

卯时、辰时、巳时为九高。

sən² hət⁷ ᵐbe¹ ti² ljok⁸
辰　戌　年　第　六

辰年、戌年第六元。

ɕən¹ ʁa:i³ van¹ ʔjət⁷ mi² van¹ ta:p⁷ ŋo² van¹ ɕən¹ su³ van¹
辛　亥　日　乙　未　日　甲　午　日　辛　丑　日

辛亥日、乙未日、甲午日、辛丑日。

ɕən¹ ju⁴ van¹ hət⁷ ʁa:i³ hi³ si²
辛　酉　日　戌　亥　子　时

辛酉日戌时、亥时、子时为九高。

hi⁴ ʁa:i³ ᵐbe¹ ti² ŋo⁴
巳　亥　年　第　五

巳年、亥年第五元。

ȶa:p⁷ ŋo² van¹ ʔjət⁷ mi² van¹ tjeŋ¹ mi² van¹ ɕən¹ hi⁴ van¹
甲　　午　　日　　乙　　未　　日　　丁　　未　　日　　辛　　巳　　日

甲午日、乙未日、丁未日、辛巳日。

ʁa:i³　hi³　su³　si²　ȶət⁷
亥　　子　　丑　　时　　吉

亥时、子时、丑时吉。

ji²　sən¹　ᵐbe¹　ti²　hi⁵
寅　　申　　年　　第　　四

寅年、申年第四元。

ɕən¹ hi⁴ van¹ pjeŋ³ ŋo² van¹ ȶui⁵ ju⁴ van¹ ȶui⁵ mi² van¹
辛　　巳　　日　　丙　　午　　日　　癸　　酉　　日　　癸　　未　　日

辛巳日、丙午日、癸酉日、癸未日。

tjeŋ¹　su³　van¹　ŋo²　mi²　su³　ji²　si²　tət⁷
丁　　丑　　日　　午　　未　　丑　　寅　　时　　吉

丁丑日午时、未时、丑时、寅时吉。

篇章意译

　　子年、午年第一元癸卯日、丁未日、乙未日、癸未日、辛丑日、辛亥日、癸亥日丑时、未时、子时、巳时为九高、第九高，吉。

　　丑年、未年第二元己未日、辛巳日、乙未日午时、未时为第九高，庚辰日、壬午日丑时、未时五行属水，为第九高，吉。

　　卯年、酉年第三元癸卯日、辛亥日、乙酉日、癸巳日卯时、辰时、巳时为九高。

　　辰年、戌年第六元辛亥日、乙未日、甲午日、辛丑日、辛酉日戌时、亥时、子时为九高。

　　巳年、亥年第五元甲午日、乙未日、丁未日、辛巳日亥时、子时、丑时吉。

　　寅年、申年第四元辛巳日、丙午日、癸酉日、癸未日、丁丑日午时、未时、丑时、寅时吉。

注释

　　[1]"九高""第九高"为水语音译，意为人丁兴旺。

九高（二）

sən² hi³ sən² ᵐbe¹ sən¹ ha:m¹ ɲot⁷ ta:p⁷ ŋo² van¹
申 子 辰 年 春 三 月 甲 午 日

申年、子年、辰年春三月甲午日。

ti² ʔjət⁷ ʔjət⁷ su³ van¹ hət⁷ ʁa:i³ si² ti² tu³ qa:u³ tət⁷
第 一 乙 丑 日 戌 亥 时 第 九 高 吉

第一元乙丑日戌时、亥时为第九高，吉。

hi⁴ ju⁴ su³ ᵐbe¹ ja³ ha:m¹ ɲot⁷ ti² ha:m¹ ɕən¹ ma:u⁴ van¹
巳 酉 丑 年 夏 三 月 第 三 辛 卯 日

巳年、酉年、丑年夏三月，第三元辛卯日。

ti² hi⁵ ȶui⁵ ju⁴ van¹ ti² tu³ qa:u³ tət⁷
第 四 癸 酉 日 第 九 高 吉

第四元癸酉日为第九高,吉。

ji² ŋo² hət⁷ ᵐbe¹ ɕu¹ ha:m¹ ȵot⁷
寅 午 戌 年 秋 三 月

寅年、午年、戌年秋三月。

ti² ŋo⁴ qeŋ¹ hi³ van¹ ȵum² ŋo² van¹
第 五 庚 子 日 壬 午 日

第五元庚子日、壬午日。

ȶui⁵ mi² van¹ tjeŋ¹ su³ van¹ qa:u³ tət⁷
癸 未 日 丁 丑 日 高 吉

癸未日、丁丑日为九高,吉。

ʁa:i³ ma:u⁴ mi² ᵐbe¹ toŋ¹ ha:m¹ ɲot⁷
亥   卯   未   年   冬   三   月

亥年、卯年、未年冬三月。

ti² ɕət⁷ pjeŋ³ ŋo² van¹ tjeŋ¹ mi² van¹
第   七   丙   午   日   丁   未   日

第七元丙午日、丁未日。

ʁa:i³ hi³ si² ti² tu³ tət⁷
亥   子   时   第   九   吉

亥时、子时为第九高，吉。

篇章意译

　　申年、子年、辰年春三月甲午日，第一元乙丑日戌时、亥时为第九高，吉。

　　巳年、酉年、丑年夏三月，第三元辛卯日，第四元癸酉日为第九高，吉。

　　寅年、午年、戌年秋三月，第五元庚子日、壬午日、癸未日、丁丑日为九高，吉。

　　亥年、卯年、未年冬三月，第七元丙午日、丁未日亥时、子时为第九高，吉。

姑底九高[1]（一）

ti² ʔjət⁷ ɕən¹ su³ van¹ tui⁵ ʁa:i³ van¹ tui⁵ su³ van¹
第　一　辛　丑　日　癸　亥　日　癸　丑　日

第一元辛丑日、癸亥日、癸丑日。

hi³　su³　si²　tət⁷　tu³qa:u³
子　　丑　　时　　吉　　九高

子时、丑时为九高，吉。

ti² ȵi² ȶi¹ mi² van¹ ʔjət⁷ mi² van¹ su³ mi² si²
第　二　己　未　日　乙　未　日　丑　未　时

第二元己未日、乙未日丑时、未时。

ti² ha:m¹ ɕən¹ ʁa:i³ van¹ tjeŋ¹ ma:u⁴ van¹
第 三 辛 亥 日 丁 卯 日

第三元辛亥日、丁卯日。

ʔjət⁷ ju⁴ van¹ ma:u⁴ sən² si²
乙 酉 日 卯 辰 时

乙酉日卯时、辰时。

ti² hi⁴ ʨui⁵ su³ van¹ ʨui⁵ mi² van¹ ɕən¹ hi⁴ van¹
第 四 癸 丑 日 癸 未 日 辛 巳 日

第四元癸丑日、癸未日、辛巳日。

ti² ŋo⁴ theŋ¹ mi² van¹ ɕən¹ hi⁴ van¹
第 五 丁 未 日 辛 巳 日

第五元丁未日、辛巳日。

ȶui⁵ ma:u⁴ van¹ hi⁴ ʁa:i³ su³ si²
癸　卯　日　巳　亥　丑　时

癸卯日巳时、亥时、丑时。

ti² ljok⁸ ɕən¹ ma:u⁴ van¹ ɕən¹ su³ van¹
第　六　辛　卯　日　辛　丑　日

第六元辛卯日、辛丑日。

ȶui⁵ ʁa:i³ van¹ pjeŋ³ sən² van¹ ŋo² mi² hi³ si² tət⁷
癸　亥　日　丙　辰　日　午　未　子　时　吉

癸亥日、丙辰日午时、未时、子时吉。

ti² ɕət⁷ ta:p⁷ ŋo² van¹ ɕən¹ mi² van¹ ʁa:i³ hi³ mi² si² tət⁷ tət⁷
第　七　甲　午　日　辛　未　日　亥　子　未　时　吉　吉

第七元甲午日、辛未日亥时、子时、未时大吉。

篇章意译

　　第一元辛丑日、癸亥日、癸丑日子时、丑时为九高，吉。

　　第二元己未日、乙未日丑时、未时吉。

　　第三元辛亥日、丁卯日、乙酉日卯时、辰时吉。

　　第四元癸丑日、癸未日、辛巳日吉。

　　第五元丁未日、辛巳日、癸卯日巳时、亥时、丑时吉。

　　第六元辛卯日、辛丑日、癸亥日、丙辰日午时、未时、子时吉。

　　第七元甲午日、辛未日亥时、子时、未时大吉。

注释

　　[1]"姑底九高"为水语音译，属水书福星。

姑底九高（二）

ti² ʔjət⁷ ʔjət⁷ su³ van¹ ȵui⁵ ʁa:i³ van¹ su³ fa:ŋ¹
第　一　乙　丑　日　癸　亥　日　丑　方

第一元乙丑日、癸亥日丑方。

ti² ȵi² ti¹ mi² van¹ pjeŋ³ hət⁷ van¹ hət⁷ fa:ŋ¹ tət⁷ tu³qa:u³
第　二　己　未　日　丙　戌　日　戌　方　吉　九高

第二元己未日、丙戌日戌方为九高，吉。

ti² ha:m¹ tjeŋ¹ ma:u⁴ van¹ ma:u⁴ fa:ŋ¹
第　三　丁　卯　日　卯　方

第三元丁卯日卯方。

ti²	hi⁵	ʈui⁵	mi²	van¹	tjeŋ¹	su³	van¹	su³	fa:ŋ¹	tət⁷
第	四	癸	未	日	丁	丑	日	丑	方	吉

第四元癸未日、丁丑日丑方吉。

ti²	ŋo⁴	tjeŋ¹	mi²	van¹	tjeŋ¹	hi⁴	van¹	hi⁴	fa:ŋ²
第	五	丁	未	日	丁	巳	日	巳	方

第五元丁未日、丁巳日巳方。

ti²	ljok⁸	ʈa:p⁷	sən²	van¹	hət⁷	fa:ŋ¹
第	六	甲	辰	日	戌	方

第六元甲辰日戌方。

ti¹	ɕət⁷	ɕən¹	mi²	van¹	ɕən¹	hi⁴	van¹	hət⁷	ʁa:i³	fa:ŋ¹
第	七	辛	未	日	辛	巳	日	戌	亥	方

第七元辛未日、辛巳日戌方、亥方。

篇章意译

　　第一元乙丑日、癸亥日丑方，第二元己未日、丙戌日戌方，第三元丁卯日卯方，第四元癸未日、丁丑日丑方，第五元丁未日、丁巳日巳方，第六元甲辰日戌方，第七元辛未日、辛巳日戌方、亥方为九高，吉。

壬　辰

ȵum² sən² ᵐbe¹ ti² ʔjət⁷ ȵum² hi³ van¹
壬　辰　年　第　一　壬　子　日

壬辰年第一元壬子日。

ȵum² sən¹ van¹ ȵum² sən² van¹ ʔjət⁷ ma:u⁴ van¹ ʔjət⁷ mi²
壬　申　日　壬　辰　日　乙　卯　日　乙　未

壬申日、壬辰日、乙卯日、乙未日。

ti² ljok⁸ ɕən² ma:u⁴ van¹ tət⁷
第　六　辛　卯　日　吉

第六元辛卯日吉。

ȵum² sən¹ ᵐbe¹ ti² ŋo⁴ ȶui⁵ ma:u⁴ van¹
壬 申 年 第 五 癸 卯 日

壬申年第五元癸卯日。

ti² ha:m¹ ȵum² ȵum² ȵum² sən¹ van¹ hi³ van¹ sən² van¹ tət⁷
第 三 壬 壬 壬 申 日 子 日 辰 日 吉

第三元壬申日、壬子日、壬辰日吉。

ȵum² hi³ ᵐbe¹ tsjeŋ¹ ȵum² sən¹ van¹
壬 子 年 正 壬 申 日

壬子年正月壬申日。

ti² ʔjət⁷ ɕən² ma:u⁴ van¹ ʔjət⁷ mi²
第 一 辛 卯 日 乙 未

第一元辛卯日、乙未日。

343

ti² ha:m¹ ȵum² sən² van¹ tət⁷
第 三   壬   辰   日   吉

第三元壬辰日吉。

ʔjət⁷ ma:u⁴ ᵐbe¹ ti² ha:m¹ qeŋ¹ ŋo² van¹ ta:p⁷ ŋo² van¹ ta:p⁷ sən¹ van¹
乙   卯   年   第   三   庚   午   日   甲   午   日   甲   申   日

乙卯年第三元庚午日、甲午日、甲申日。

ti² ŋo⁴ ɕən¹ ma:u⁴ van¹
第 五   辛   卯   日

第五元辛卯日。

ti² ʔjət⁷ ʔjət⁷ mi² tət⁷
第 一   乙   未   吉

第一元乙未日吉。

ʔjət⁷ ʁa:i¹ ᵐbe¹ ti² hi⁵ ɕən¹ su³ van¹
乙　亥　年　第　四　辛　丑　日

乙亥年第四元辛丑日。

ti² ʔjət⁷ ʔjət⁷ mi² van¹ ti² ʔjət⁷ qeŋ¹ ŋo² van¹ tət⁷
第　一　乙　未　日　第　一　庚　午　日　吉

第一元乙未日，第一元庚午日吉。

ʔjət⁷ mi² ᵐbe¹ ti² ʔjət⁷ ɕən¹ hi⁴ van¹
乙　未　年　第　一　辛　巳　日

乙未年第一元辛巳日。

ti² ljok⁸ ʔjət⁷ ma:u⁴ van¹ ti² hi⁵ ɕən¹ su³ van¹
第　六　乙　卯　日　第　四　辛　丑　日

第六元乙卯日，第四元辛丑日。

345

ti² ljok⁸ qeŋ¹ sən¹ van¹ tət⁷
第　六　庚　申　日　吉

第六元庚申日吉。

qeŋ¹ ji² ᵐbe¹ ti² ʔjət⁷ ɕon¹ ma:u⁴ van¹
庚　寅　年　第　一　辛　卯　日

庚寅年第一元辛卯日。

ti² hi⁵ ʨui⁵ mi² van¹ ti² ŋo⁴ qeŋ¹ hi³ van¹ tət⁷
第　四　癸　未　日　第　五　庚　子　日　吉

第四元癸未日，第五元庚子日吉。

qeŋ¹ ŋo² ᵐbe¹ ti² ȵi² ɕon¹ ma:u⁴ van¹
庚　午　年　第　二　辛　卯　日

庚午年第二元辛卯日。

ti² ŋo⁴ qeŋ¹ ŋo² van¹
第　五　庚　午　日

第五元庚午日。

ti² ljok⁸ ʔjət⁷ ma:u⁴ van¹ pjeŋ³ hət⁷ van¹ tət⁷
第　六　乙　卯　日　丙　戌　日　吉

第六元乙卯日、丙戌日吉。

qeŋ¹ hət⁷ ᵐbe¹ ti² ŋo⁴ qeŋ¹ sən² van¹
庚　戌　年　第　五　庚　辰　日

庚戌年第五元庚辰日。

ti² ha:m¹ qeŋ¹ ŋo² pjeŋ³ ŋo² van¹ tət⁷
第　三　庚　午　丙　午　日　吉

第三元庚午日、丙午日吉。

水书 引腊备要卷

qeŋ¹ sən¹ ᵐbe¹ ti² ɲi² n̪um² ŋo² van¹
庚　申　年　第　二　　壬　午　日

庚申年第二元壬午日。

ti² ŋo² qeŋ¹ hi³ van¹ ti² ljok⁸ n̪um² ji² van¹ tət⁷
第　五　庚　子　日　第　六　壬　寅　日　吉

第五元庚子日，第六元壬寅日吉。

qeŋ¹ hi³ ᵐbe¹ ti² ʔjət⁷ qeŋ¹ sən² van¹ ɕən¹ hi⁴ van¹
庚　子　年　第　一　庚　辰　日　辛　巳　日

庚子年第一元庚辰日、辛巳日。

ti² ŋo² qeŋ¹ ŋo² van¹ tət⁷
第　五　庚　午　日　吉

第五元庚午日吉。

qeŋ¹ sən² ᵐbe¹ ti² ha:m¹ qeŋ¹ hi³ van¹ qeŋ¹ sən¹ van¹
庚　辰　年　第　三　庚　子　日　庚　申　日

庚辰年第三元庚子日、庚申日。

ti² ŋo² qeŋ¹ ŋo² van¹
第　五　庚　午　日

第五元庚午日。

ti² ljok⁸ pjeŋ³ sən² van¹ tət⁷
第　六　丙　辰　日　吉

第六元丙辰日吉。

ɕen¹ ʁa:i³ ᵐbe¹ ti² ha:m¹ ɕen¹ hi⁴ van¹ ɕen¹ ʁa:i³ van¹
辛　亥　年　第　三　辛　巳　日　辛　亥　日

辛亥年第三元辛巳日、辛亥日。

ti² n̠i² ɕən¹ ma:u⁴ van¹ tət⁷
第 二 辛   卯   日   吉

第二元辛卯日吉。

ɕən¹ ma:u⁴ ᵐbe¹ ti² ʔjət⁷ qeŋ¹ sən² van¹
辛   卯   年   第   一   庚   辰   日

辛卯年第一元庚辰日。

ti² ha:m¹ ɕən¹ ʁa:i³ van¹ ti² hi⁵ tui⁵ ju⁴ van¹ tət⁷
第   三   辛   亥   日   第 四 癸 酉 日   吉

第三元辛亥日，第四元癸酉日吉。

ɕən¹ mi² ᵐbe¹ ti² ʔjət⁷ ɕən¹ su³ van¹
辛   未   年   第   一   辛   丑 日

辛未年第一元辛丑日。

ti² ȵi² ʈui⁵ ju⁴ van¹ ti² ljok⁸ ɕən¹ ma:u⁴ van¹ tət⁷
第　二　癸　酉　日　第　六　辛　卯　日　吉

第二元癸酉日，第六元辛卯日吉。

ɕən¹ hi⁴ ᵐbe¹ ti² ʔjət⁷ ʈui⁵ ma:u⁴ van¹ ɕən¹ su³ van¹
辛　巳　年　第　一　癸　卯　日　辛　丑　日

辛巳年第一元癸卯日、辛丑日。

ti² ha:m¹ ɕən¹ ʁa:i³ van¹ tət⁷
第　三　辛　亥　日　吉

第三元辛亥日吉。

ɕən¹ ju⁴ ᵐbe¹ ti² ha:m¹ ɕən¹ hi⁴ van¹
辛　酉　年　第　三　辛　巳　日

辛酉年第三元辛巳日。

ti² hi⁵ ʈui⁵ ma:u⁴ van¹　ti² ŋo⁴ ȵum² sən² van¹
第　四　癸　卯　日　　第　五　壬　辰　日

第四元癸卯日，第五元壬辰日。

ti² ɕət⁷ ʈui⁵ mi² van¹ tət⁷
第　七　癸　未　日　吉

第七元癸未日吉。

tət⁷ su³ ᵐbe¹ ti² ʔjət⁷ qeŋ¹ sən² van¹
辛　丑　年　第　一　庚　辰　日

辛丑年第一元庚辰日。

ti² ha:m¹ ɕən¹ hi⁴ van¹　ti² ljok⁸ qeŋ¹ ji² van¹
第　三　辛　巳　日　　第　六　庚　寅　日

第三元辛巳日，第六元庚寅日。

ti² ɕət⁷ ɕən¹ mi² van¹ tət⁷
第　七　辛　未　日　吉

第七元辛未日吉。

pjeŋ³ ji² ᵐbe¹ ti² ʔjət⁷ pjeŋ³ hət⁷ van¹
丙　寅　年　第　一　丙　戌　日

丙寅年第一元丙戌日。

ti² ha:m¹ ta:p⁷ ŋo² van¹ ti² hi⁵ ɕən¹ su³ van¹
第　三　甲　午　日　第　四　辛　丑　日

第三元甲午日，第四元辛丑日。

ti² ŋo⁴ ta:p⁷ ŋo² van¹ tət⁷
第　五　甲　午　日　吉

第五元甲午日吉。

水书 引腊备要卷

pjeŋ³ ŋo² ᵐbe¹ ti² ʔjət⁷ pa:t⁷ ɕən¹ su³ van¹
丙　午　年　第　一　八　辛　丑　日

丙午年八月第一元辛丑日。

ti² ha:m¹ pjeŋ³ ŋo² van¹ ti² ɕət⁷ ɕən¹ mi² van¹ tət⁷
第　三　丙　午　日　第　七　辛　未　日　吉

第三元丙午日，第七元辛未日吉。

pjeŋ³ hət⁷ ᵐbe¹ ti² ʔjət⁷ ɕən¹ hi⁴ van¹ ɕən¹ su³ van¹
丙　戌　年　第　一　辛　巳　日　辛　丑　日

丙戌年第一元辛巳日、辛丑日。

ti² ljok⁸ ta:p⁷ sən² van¹ ti² ɕət⁷ pjeŋ³ su³ van¹ tət⁷
第　六　丙　辰　日　第　七　丙　午　日　吉

第六元丙辰日，第七元丙午日吉。

pjeŋ³ sən¹ ᵐbe¹ ti² ʔjət⁷ pjeŋ³ hət⁷ van¹ ta:p⁷ ŋo² van¹
丙　　申　　年　　第　　一　　丙　　戌　　日　　甲　　午　　日

丙申年第一元丙戌日、甲午日。

ti² ŋo⁴ pjeŋ³ ŋo² van¹ ti² ljok⁸ pjeŋ³ sən² van¹ tət⁷
第　　五　　丙　　午　　日　　第　　六　　丙　　辰　　日　　吉

第五元丙午日，第六元丙辰日吉。

pjeŋ³ hi³ ᵐbe¹ ti² ʔjət⁷ pjeŋ³ ŋo² van¹ tjen¹ su³ van¹
丙　　子　　年　　第　　一　　丙　　午　　日　　丁　　丑　　日

丙子年第一元丙午日、丁丑日。

ti² ŋo⁴ pjeŋ³ hi³ van¹ ti² ɕət⁷ pjeŋ³ sən² van¹ tət⁷
第　　五　　丙　　子　　日　　第　　六　　丙　　辰　　日　　吉

第五元丙子日，第六元丙辰日吉。

pjeŋ³ sən² ᵐbe¹ ti² ʔjət⁷ pjeŋ³ ŋo² van¹
丙　辰　年　第　一　　丙　午　日

丙辰年第一元丙午日。

ti² ha:m¹ pjeŋ³ ŋo² van¹ ti² ljok⁸ pjeŋ³ sən² van¹
第　三　丙　午　日　第　六　丙　辰　日

第三元丙午日，第六元丙辰日。

ti² ɕət⁷ ɕən¹ mi² van¹ tət⁷
第　七　辛　未　日　吉

第七元辛未日吉。

ȵum² ŋo² ᵐbe¹ ti² ȵi² ȵum² sən² van¹
壬　午　年　第　二　壬　辰　日

壬午年第二元壬辰日。

ti² ha:m¹ tjeŋ¹ ma:u⁴

第　三　丁　卯

第三元丁卯日。

ti² ljok⁸ ȵum² ji² van¹ ȵum² sən¹ van¹ tət⁷

第　六　壬　寅　日　壬　申　日　吉

第六元壬寅日、壬申日吉。

ȵum² ji² ᵐbe¹ ti² ȵi² ȵum² ŋo² van¹

壬　寅　年　第　二　壬　午　日

壬寅年第二元壬午日。

ti² hi⁵ ȶui⁵ ma:u⁴ van¹ ti² ŋo⁴ ʔjət⁷ su³ van¹

第　四　癸　卯　日　第　五　乙　丑　日

第四元癸卯日，第五元乙丑日。

ti² ɕət⁷ ȵum² ji² van¹ tət⁷
第　七　　壬　　寅　日　吉

第七元壬寅日吉。

ȵum² hət⁷ ᵐbe¹ ti² ȵi² ȵum² ŋo² van¹
壬　　戌　　年　　第　二　　壬　　午　日

壬戌年第二元壬午日。

ti² hi⁵ ɕən¹ ʁa:i³ van¹ ti² ŋo⁴ ȵum² sən² van¹
第　四　辛　　亥　　日　第　五　　壬　　辰　日

第四元辛亥日，第五元壬辰日。

ti² ɕət⁷ tui⁵ mi² van¹ tət⁷
第　七　癸　　未　日　吉

第七元癸未日吉。

mu²	ji²	ᵐbe¹	ti²	ʔjət⁷	ʈi¹	ju⁴	van¹	ʈui⁵	su³	van¹	ŋo²	fa:ŋ¹
戊	寅	年	第	一		己	酉	日	癸	丑	日	午方

戊寅年第一元己酉日、癸丑日午方。

ʈi²	hi⁵	ʈui⁵	mi²	van¹	tət⁷
第	四	癸	未	日	吉

第四元癸未日吉。

mu²	ŋo²	ᵐbe¹	ti²	ʔjət⁷	ɕən¹	su³	van¹
戊	午	年	第	一	辛	丑	日

戊午年第一元辛丑日。

ʈi²	ɲi²	ʈi¹	mi²	van¹	ʈi²	ŋo⁴	ɕən¹	ma:u⁴	van¹	tət⁷
第	二	己	未	日	第	五	辛	卯	日	吉

第二元己未日，第五元辛卯日吉。

水书 引腊备要卷

mu² hət⁷ ᵐbe¹ ti² ʔjət⁷ qeŋ¹ ŋo² van¹
戊　戌　年　第　一　庚　午　日

戊戌年第一元庚午日。

ti² ʔjət⁷ mu² sən² van¹ ti² hi⁵ ɕen¹ ma:u⁴ van¹ tət⁷
第　一　戊　辰　日　第　四　辛　卯　日　吉

第一元戊辰日，第四元辛卯日吉。

mu² sən¹ ᵐbe¹ ti² ʔjət⁷ ȶi¹ ju⁴ van¹
戊　申　年　第　一　己　酉　日

戊申年第一元己酉日。

ti² ha:m¹ qeŋ¹ ŋo² van¹ ti² hi⁵ ȶui⁵ ju⁴ van¹
第　三　庚　午　日　第　四　癸　酉　日

第三元庚午日，第四元癸酉日。

ti² ɕət⁷ ʈui⁵ mi²

第 七 癸 未

第七元癸未日吉。

mu² hi³ ᵐbe¹ ti² ʔjət⁷

戊 子 年 第 一

戊子年第一元。

ʈui⁵ su³ van¹ mu² sən² van¹ ʈi¹ hi⁴ van¹

癸 丑 日 戊 辰 日 己 巳 日

癸丑日、戊辰日、己巳日。

ti² ljok⁸ mu² sən¹ van¹ tət⁷

第 六 戊 申 日 吉

第六元戊申日吉。

水书 引腊备要卷

mu² sən² ᵐbe¹ ti² ȵi² ȶi² ju⁴ ȶi¹ mi² van¹
戊　辰　年　第　二　己　酉　己　未　日

戊辰年第二元己酉日、己未日。

ti² ŋo⁴ qen¹ ŋo² van¹ tət⁷
第　五　庚　午　日　吉

第五元庚午日吉。

ȶui⁵ ʁa:i³ ᵐbe¹ ti² ʔjət⁷ ȶui⁵ ma:u⁴ van¹
癸　亥　年　第　一　癸　卯　日

癸亥年第一元癸卯日。

ti² hi⁵ ȶui⁵ hi⁴ van¹ ti² ljok⁸ ȶui⁵ ju⁴ van¹
第　四　癸　巳　日　第　六　癸　酉　日

第四元癸巳日，第六元癸酉日。

362

ti² ɕət⁷ ɕən¹ hi⁴ van¹
第　七　辛　巳　日

第七元辛巳日吉。

ʈui⁵ ma:u⁴ ᵐbe¹ ti² ha:m¹ ɕən¹ ʁa:i³ van¹
癸　卯　年　第　三　辛　亥　日

癸卯年第三元辛亥日。

ti² hi⁵ ʈui⁵ ju⁴ van¹ ʈui⁵ mi² van¹
第　四　癸　酉　日　癸　未　日

第四元癸酉日、癸未日。

ti² ŋo⁴ ɕən¹ ma:u⁴ van¹ tət⁷
第　五　辛　卯　日　吉

第五元辛卯日吉。

ȵui⁵ mi² ᵐbe¹ ti² ʔjət⁷ ȵum² hi³ van¹ ȵum² hət⁷ van¹ ʨi¹ ju⁴ van¹

癸 未 年 第 一 壬 子 日 壬 戌 日 己 酉 日

癸未年第一元壬子日、壬戌日、己酉日。

ti² hi⁵ ȵui⁵ mi² van¹ tət⁷

第 四 癸 未 日 吉

第四元癸未日吉。

ȵui⁵ hi⁴ ᵐbe¹ ti² ha:m¹ ȵum² ji² van¹

癸 巳 年 第 三 壬 寅 日

癸巳年第三元壬寅日。

ti² hi⁵ ȵui⁵ ju⁴ van¹ ti² ŋo⁴ ɕən¹ ma:u⁴ van¹

第 四 癸 酉 日 第 五 辛 卯 日

第四元癸酉日，第五元辛卯日。

ti² ljok⁸ ȶui⁵ hi⁴ van¹ tət⁷
第 六 癸 巳 日 吉

第六元癸巳日。

ȶui⁵ ju⁴ ᵐbe¹ ti² ʔjət⁷ ȶui⁵ ma:u⁴ van¹
癸 酉 年 第 一 癸 卯 日

癸酉年第一元癸卯日。

ti² ha:m¹ ȶui⁵ hi⁴ van¹ ti² ŋo⁴ ȵum² sən² van¹
第 三 癸 巳 日 第 五 壬 辰 日

第三元癸巳日，第五元壬辰日。

ti² ljok⁸ ȶui⁵ hi⁴ van¹ tət⁷
第 六 癸 巳 日 吉

第六元癸巳日。

水书 引腊备要卷

ȶui⁵ su³ ᵐbe¹ ti² ʔjət⁷ ȶui⁵ hi⁴ van¹ ȵum² ji² van¹
癸　丑　年　第　一　癸　巳　日　壬　寅　日

癸丑年第一元癸巳日、壬寅日。

ti² ȵi² ȶui⁵ mi² van¹ ti² hi⁵ ɕən¹ ma:u⁴ van¹ tət⁷
第　二　癸　未　日　第　四　辛　卯　日　吉

第二元癸未日，第四元辛卯日吉。

tjeŋ¹ su³ ᵐbe¹ ti² ȵi² ȵum² ji² van¹
丁　丑　年　第　二　壬　寅　日

丁丑年第二元壬寅日。

ti² ha:m¹ tjeŋ¹ hi⁴ van¹ ti² ljok⁸ pjeŋ³ sən² van¹
第　三　丁　巳　日　第　六　丙　辰　日

第三元丁巳日，第六元丙辰日。

ti² ɕət⁷ tjeŋ¹ mi² van¹ tət⁷
第 七 丁 未 日 吉

第七元丁未日吉。

tjeŋ¹ hi⁴ ᵐbe¹ ti² ʔjət⁷ tjeŋ¹ su³ van¹
丁 巳 年 第 一 丁 丑 日

丁巳年第一元丁丑日。

ti² ha:m¹ tjeŋ¹ ʁa:i³ van¹ tjeŋ¹ hi⁴ van¹
第 三 丁 亥 日 丁 巳 日

第三元丁亥日、丁巳日。

ti² ljok⁸ tjeŋ¹ ju⁴ van¹ tət⁷
第 六 丁 酉 日 吉

第六元丁酉日吉。

水书 引腊备要卷

tjeŋ¹ ju⁴ ᵐbe¹ ti² ʔjət⁷ tjeŋ¹ hi⁴ van¹
丁　酉　年　第　一　丁　巳　日

丁酉年第一元丁巳日。

ti² ha:m¹ tjeŋ¹ ma:u⁴ van¹ ti² ha:m¹ tjeŋ¹ su³ van¹ tət⁷
第　三　丁　卯　日　第　三　丁　丑　日　吉

第三元丁卯日，第三元丁丑日吉。

tjeŋ¹ ʁa:i³ ᵐbe¹ ti² ha:m¹ tjeŋ¹ ma:u⁴ van¹
丁　亥　年　第　三　丁　卯　日

丁亥年第三元丁卯日。

ti² ha:m¹ tjeŋ¹ hi⁴ van¹ ti² ŋo⁴ tjeŋ¹ mi² van¹
第　三　丁　巳　日　第　五　丁　未　日

第三元丁巳日，第五元丁未日。

ti² ʔjət⁷ n̥um² ji² tət⁷

第 一 壬 寅 吉

第一元壬寅日吉。

tjeŋ¹ ma:u⁴ ᵐbe¹ ti² ʔjət⁷ ʈui⁵ su³ van¹

丁 卯 年 第 一 癸 丑 日

丁卯年第一元癸丑日。

ti² ha:m¹ tjeŋ¹ ʁa:i³ van¹

第 三 丁 亥 日

第三元丁亥日。

ti² hi⁵ ʈui⁵ ju⁴ van¹ tjeŋ¹ ma:u⁴ van¹

第 四 癸 酉 日 丁 卯 日

第四元癸酉日、丁卯日。

ti² ŋo⁴ tjeŋ¹ mi² tət⁷
第　五　丁　未　吉

第五元丁未日吉。

tjeŋ¹ mi² ᵐbe¹ ti² ʔjət⁷ tjeŋ¹ su³ van¹
丁　未　年　第　一　丁　丑　日

丁未年第一元丁丑日。

ti² ha:m¹ tjeŋ¹ ju⁴ van¹ ti² hi⁵ tjeŋ¹ ma:u⁴ van¹
第　三　丁　酉　日　第　四　丁　卯　日

第三元丁酉日，第四元丁卯日。

ti² ljok⁸ ȵum² sən¹ van¹ pjeŋ³ sən² van¹
第　六　壬　申　日　丙　辰　日

第六元壬申日、丙辰日吉。

ȶa:p⁷ hət⁷ ᵐbe¹ ti² ŋo⁴ ȶa:p⁷ sən² van¹
甲　　戌　　年　　第　　五　　甲　　辰　　日

甲戌年第五元甲辰日。

ti² ha:m¹ ȶa:p⁷ ŋo² van¹ ti² hi⁵ ȶa:p⁷ hət⁷ van¹
第　　三　　甲　　午　　日　　第　　四　　甲　　戌　　日

第三元甲午日，第四元甲戌日。

ti² ʔjət⁷ ɕən¹ su³ ti² ɕət⁷ ɕən¹ mi² van¹
第　　一　　辛　　丑　　第　　七　　辛　　未　　日

第一元辛丑日，第七元辛未日吉。

ȶa:p⁷ ŋo² ᵐbe¹ ti² ʔjət⁷ ʔjət⁷ mi² van¹
甲　　午　　年　　第　　一　　乙　　未　　日

甲午年第一元乙未日。

ti² ha:m¹ ȶa:p⁷ hi³ van¹　ti² hi⁵ ȶa:p⁷ hət⁷ van¹
第　三　甲　子　日　　第　四　甲　戌　日

第三元甲子日，第四元甲戌日。

ti² ŋo⁴ ȵum² sən² van¹　ti² ljok⁸ ʔjət⁷ ma:u⁴ van¹
第　五　壬　辰　日　　第　六　乙　卯　日

第五元壬辰日，第六元乙卯日吉。

ȶa:p⁷ ji² ᵐbe¹　ti² ʔjət⁷ ȶa:p⁷ sən¹ van¹
甲　寅　年　第　一　甲　申　日

甲寅年第一元甲申日。

ti² ȵi² ʔjət⁷ ma:u⁴ van¹　ti² hi⁵ ȶa:p⁷ hət⁷ van¹ tət⁷
第　二　乙　卯　日　　第　四　甲　戌　日　吉

第二元乙卯日，第四元甲戌日吉。

ȶa:p⁷ sən¹ ᵐbe¹ ti² ʔjət⁷ ȵum² sən² van¹
甲　　申　　年　　第　　一　　壬　　辰　　日

甲申年第一元壬辰日。

ti² ha:m¹ ȶa:p⁷ hi³ ʔjət⁷ ju⁴ van¹
第　　三　　甲　　子　　乙　　酉　　日

第三元甲子日、乙酉日。

ti² hi⁵ ȶa:p⁷ hət⁷ van¹ ti² ŋo⁴ ʔjət⁷ ma:u⁴ ȶət⁷
第　　四　　甲　　戌　　日　　第　　五　　乙　　卯　　吉

第四元甲戌日，第五元乙卯日吉。

ȶa:p⁷ hi³ ᵐbe¹ ti² ʔjət⁷ ʔjət⁷ su³ van¹
甲　　子　　年　　第　　一　　乙　　丑　　日

甲子年第一元乙丑日。

水书 引腊备要卷

ti² hi⁵ ȶa:p⁷ hət⁷ van¹ ti² ljok⁸ ȶa:p⁷ sən¹ van¹
第 四 甲 戌 日 第 六 甲 申 日

第四元甲戌日，第六元甲申日。

ti² ɕət⁷ tjeŋ¹ mi² van¹ tət⁷
第 七 丁 未 日 吉

第七元丁未日吉。

ȶa:p⁷ sən² ᵐbe¹ ti² ha:m¹ ʔjət⁷ hi⁴ van¹
甲 辰 年 第 三 乙 巳 日

甲辰年第三元乙巳日。

ti² hi⁵ ȶa:p⁷ hət⁷ van¹ ti² ɕət⁷ ɕən¹ mi² van¹ tət⁷
第 四 甲 戌 日 第 七 辛 未 日 吉

第四元甲戌日，第七元辛未日吉。

ʔjət⁷　hi⁴　ᵐbe¹　ti²　ʔjət⁷　ʔjət⁷　su³　van¹　tjeŋ¹　su³　van¹
乙　　巳　　年　　第　　一　　乙　　丑　　日　　丁　　丑　　日

乙巳年第一元乙丑日、丁丑日。

ti²　ha:m¹　ʔjət⁷　ju⁴　van¹　ti²　ŋo⁴　tjeŋ¹　mi²　van¹　tɕət⁷
第　　三　　乙　　酉　　日　　第　　五　　丁　　未　　日　　吉

第三元乙酉日，第五元丁未日吉。

ʔjət⁷　ju⁴　ᵐbe¹　ti²　ʔjət⁷　ʔjət⁷　su³　van¹　tjeŋ¹　ma:u⁴　van¹
乙　　酉　　年　　第　　一　　乙　　丑　　日　　丁　　卯　　日

乙酉年第一元乙丑日、丁卯日。

ti²　ȵi²　ʔjət⁷　mi²　van¹　ti²　ha:m¹　ʔjət⁷　hi⁴　van¹　tɕət⁷
第　　二　　乙　　未　　日　　第　　三　　乙　　巳　　日　　吉

第二元乙未日，第三元乙巳日吉。

ʔjət⁷　su³　ᵐbe¹　ti²　ʔjət⁷　ʔjət⁷　su³　van¹
乙　　丑　　年　　第　　一　　乙　　丑　　日

乙丑年第一元乙丑日。

ti²　ha:m¹　ʔjət⁷　hi⁴　van¹　tjeŋ¹　ma:u⁴　van¹
第　　三　　乙　　巳　　日　　丁　　卯　　日

第三元乙巳日、丁卯日。

ti²　ɕət⁷　tjeŋ¹　mi²　van¹　tət⁷
第　　七　　丁　　未　　日　　吉

第七元丁未日吉。

ȶi¹　ju⁴　ᵐbe¹　ti²　ʔjət⁷　ȶi¹　ju⁴　van¹
己　　酉　　年　　第　　一　　己　　酉　　日

己酉年第一元己酉日。

ti² n̠i² ɕən¹ ma:u⁴ van¹ ti² ha:m¹ ʈi¹ hi⁴ van¹
第 二 辛 卯 日 第 三 己 巳 日

第二元辛卯日，第三元己巳日。

ti² ljok⁸ ʈui⁵ ju⁴ van¹ ti² hi⁵ ʔjət⁷ mi²
第 六 癸 酉 日 第 四 乙 未

第六元癸酉日，第四元乙未日吉。

ʈi¹ hi⁴ ᵐbe¹ ti² n̠i² ʈi¹ ju⁴ van¹ tjeŋ¹ su³ van¹
己 巳 年 第 二 己 酉 日 丁 丑 日

己巳年第二元己酉日、丁丑日。

ti² ha:m¹ ʈi¹ su³ van¹ ɕən¹ su³ van¹
第 三 己 丑 日 辛 丑 日

第三元己丑日、辛丑日。

ti² ɕət⁷ ʈui⁵ mi² tət⁷
第　七　癸　未　吉

第七元癸未日吉。

ti¹ su³ ᵐbe¹ ti² ha:m¹ ɕən¹ hi⁴ van¹ ɕən¹ su³ van¹
己　丑　年　第　三　辛　巳　日　辛　丑　日

己丑年第三元辛巳日、辛丑日。

ti² ŋo⁴ ʔjət⁷ su³ van¹ ɕən¹ ma:u⁴ van¹ tət⁷
第　五　乙　丑　日　辛　卯　日　吉

第五元乙丑日、辛卯日吉。

ti¹ ʁa:i³ ᵐbe¹ ti² ʔjət⁷ ʈui⁵ ʁa:i³ van¹
己　亥　年　第　一　癸　亥　日

己亥年第一元癸亥日。

ti² ȵi² ɕən¹ mi² van¹ ʈui⁵ mi² van¹
第 二 辛 未 日 癸 未 日

第二元辛未日、癸未日。

ti² ŋo⁴ ɕən¹ ma:u⁴ van¹ ti² ɕət⁷ ɕən¹ ʁa:i³ van¹
第 五 辛 卯 日 第 七 辛 亥 日

第五元辛卯日，第七元辛亥日吉。

ti¹ ma:u⁴ ᵐbe¹ ti² ȵi² ti¹ mi² van¹ ɕən¹ ma:u⁴ van¹
己 卯 年 第 二 己 未 日 辛 卯 日

己卯年第二元己未日、辛卯日。

ti² ȵi² ȵum² ŋo² van¹
第 二 壬 午 日

第二元壬午日。

ti² ŋo⁴ ȶi¹ ʁa:i³ ȶi¹ ma:u⁴
第 五 己 亥 己 卯

第五元己亥日、己卯日。

ti² ɕət⁷ ɕən¹ mi²
第 七 辛 未

第七元辛未日吉。

ȶi¹ mi² ᵐbe¹ ti² ȵi² ɕən¹ ma:u⁴ van¹
己 未 年 第 二 辛 卯 日

己未年第二元辛卯日。

ti² hi⁵ ɕən¹ ʁa:i³ van¹ ȶui⁵ mi² van¹
第 四 辛 亥 日 癸 未 日

第四元辛亥日、癸未日。

ti²　ljok⁸　ɕən¹　mi²　van¹　tət⁷
第　　六　　辛　　未　　日　　吉

第六元辛未日吉。

篇章意译

　　壬辰年第一元壬子日、壬申日、壬辰日、乙卯日、乙未日，第六元辛卯日吉。

　　壬申年第五元癸卯日，第三元壬申日、壬子日、壬辰日吉。

　　壬子年正月壬申日，第一元辛卯日、乙未日，第三元壬辰日吉。

　　乙卯年第三元庚午日、甲午日、甲申日，第五元辛卯日，第一元乙未日吉。

　　乙亥年第四元辛丑日，第一元乙未日，第一元庚午日吉。

　　乙未年第一元辛巳日，第六元乙卯日，第四元辛丑日，第六元庚申日吉。

　　庚寅年第一元辛卯日，第四元癸未日，第五元庚子日吉。

　　庚午年第二元辛卯日，第五元庚午日，第六元乙卯日、丙戌日吉。

　　庚戌年第五元庚辰日，第三元庚午日、丙午日吉。

　　庚申年第二元壬午日，第五元庚子日，第六元壬寅日吉。

　　庚子年第一元庚辰日、辛巳日，第五元庚午日吉。

　　庚辰年第三元庚子日、庚申日，第五元庚午日，第六元丙辰日吉。

辛亥年第三元辛巳日、辛亥日，第二元辛卯日吉。

辛卯年第一元庚辰日，第三元辛亥日，第四元癸酉日吉。

辛未年第一元辛丑日，第二元癸酉日，第六元辛卯日吉。

辛巳年第一元癸卯日、辛丑日，第三元辛亥日吉。

辛酉年第三元辛巳日，第四元癸卯日，第五元壬辰日，第七元癸未日吉。

辛丑年第一元庚辰日，第三元辛巳日，第六元庚寅日，第七元辛未日吉。

丙寅年第一元丙戌日，第三元甲午日，第四元辛丑日，第五元甲午日吉。

丙午年八月第一元辛丑日，第三元丙午日，第七元辛未日吉。

丙戌年第一元辛巳日、辛丑日，第六元丙辰日，第七元丙午日吉。

丙申年第一元取丙戌日、甲午日，第五元丙午日，第六元丙辰日吉。

丙子年第一元丙午日、丁丑日，第五元丙子日，第六元丙辰日吉。

丙辰年第一元丙午日，第三元丙午日，第六元丙辰日，第七元辛未日吉。

壬午年第二元壬辰日，第三元丁卯日，第六元壬寅日、壬申日吉。

壬寅年第二元壬午日，第四元癸卯日，第五元乙丑日，第七元壬寅日吉。

壬戌年第二元壬午日，第四元辛亥日，第五元壬辰日，第七元癸未日吉。

戊寅年第一元己酉日、癸丑日午方，第四元癸未日吉。

戊午年第一元辛丑日，第二元己未日，第五元辛卯日吉。

戊戌年第一元庚午日，第一元戊辰日，第四元辛卯日吉。

戊申年第一元己酉日，第三元庚午日，第四元癸酉日，第七元癸未日吉。

戊子年第一元癸丑日、戊辰日、己巳日，第六元戊申日吉。

戊辰年第二元己酉日、己未日，第五元庚午日吉。

癸亥年第一元癸卯日，第四元癸巳日，第六元癸酉日，第七元辛巳日吉。

癸卯年第三元辛亥日，第四元癸酉日、癸未日；第五元辛卯日吉。

癸未年第一元壬子日、壬戌日、己酉日，第四元癸未日吉。

癸巳年第三元壬寅日，第四元癸酉日，第五元辛卯日，第六元癸巳日吉。

癸酉年第一元癸卯日，第三元癸巳日，第五元壬辰日，第六元癸巳日吉。

癸丑年第一元癸巳日、壬寅日，第二元癸未日，第四元辛卯日吉。

丁丑年第二元壬寅日，第三元丁巳日，第六元丙辰日，第七元丁未日吉。

丁巳年第一元丁丑日，第三元丁亥日、丁巳日，第六元丁酉日吉。

丁酉年第一元丁巳日，第三元丁卯日，第三元丁丑日吉。

丁亥年第三元丁卯日，第三元丁巳日，第五元丁未日，第一元壬寅日吉。

丁卯年第一元癸丑日，第三元丁亥日，第四元癸酉日、丁卯日，第五元丁未日吉。

丁未年第一元丁丑日，第三元丁酉日，第四元丁卯日，第六元壬申日、丙辰日吉。

甲戌年第五元甲辰日，第三元甲午日，第四元甲戌日，第一元辛丑日，第七元辛未日吉。

甲午年第一元乙未日，第三元甲子日，第四元甲戌日，第五元壬辰日，第六元乙卯日吉。

甲寅年第一元甲申日，第二元乙卯日，第四元甲戌日吉。

甲申年第一元壬辰日，第三元甲子日、乙酉日，第四元甲戌日，第五元乙卯日吉。

甲子年第一元乙丑日，第四元甲戌日，第六元甲申日，第七元丁未日吉。

甲辰年第三元乙巳日，第四元甲戌日，第七元辛未日吉。

乙巳年第一元乙丑日、丁丑日，第三元乙酉日，第五元丁未日吉。

乙酉年第一元乙丑日、丁卯日，第二元乙未日，第三元乙巳日吉。

乙丑年第一元乙丑日，第三元乙巳日、丁卯日，第七元丁未日吉。

己酉年第一元己酉日，第二元辛卯日，第三元己巳日，第六元癸酉日，第四元乙未日吉。

己巳年第二元己酉日、丁丑日，第三元己丑日、辛丑日，第七元癸未日吉。

己丑年第三元辛巳日、辛丑日，第五元乙丑日、辛卯日吉。

己亥年第一元癸亥日，第二元辛未日、癸未日，第五元辛卯日，第七元辛亥日吉。

己卯年第二元己未日、辛卯日，第二元壬午日，第五元己亥日、己卯日，第七元辛未日吉。

己未年第二元辛卯日，第四元辛亥日、癸未日，第六元辛未日吉。

富癸和六八 [1]

ljok⁸　pa:t⁷　mu²　hi³　ta:p⁷　ŋo²　ᵐbe¹
六　　八　　戊　　子　　甲　　午　　年

六八戊子年、甲午年。

ti²　ɕət⁷　ʔjət⁷　mi²　van¹　ȶui⁵　ma:u⁴　van¹
第　　七　　乙　　未　　日　　癸　　卯　　日

第七元乙未日、癸卯日。

ʔjət⁷　ma:u⁴　van¹　ȶui⁵　ju⁴　van¹　tət⁷　pu²　ʔjət⁷　ju⁴　van¹
乙　　卯　　日　　癸　　酉　　日　　吉　　辅　　乙　　酉　　日

乙卯日、癸酉日、乙酉日值辅星，吉。

ti² ljok⁸ ɲum² sən² van¹
第 六 壬 辰 日

第六元壬辰日。

ti² ŋo⁴ ʔjət⁷ su³ van¹ pu² tət⁷ pu² tət⁷
第 五 乙 丑 日 辅 吉 辅 吉

第五元乙丑日值辅星，吉。

ljok⁸ pa:t⁷ ti¹ ɕən¹ su³ mi² ᵐbe¹ ti² ɕət⁷ ti¹ hi⁴ van¹
六 八 己 辛 丑 未 年 第 七 己 巳 日

六八己丑年、己未年、辛丑年、辛未年，第七元己巳日。

ti² ljok⁸ ɕən¹ su³ pjeŋ³ sən² van¹
第 六 辛 丑 丙 辰 日

第六元辛丑日、丙辰日。

ti² ha:m¹ ʔjət⁷ ju⁴ van¹ tət⁷
第　三　乙　酉　日　吉

第三元乙酉日吉。

ljok⁸ pa:t⁷ qeŋ¹ sən² mu² pjeŋ³ sən² ᵐbe¹
六　八　庚　辰　戊　丙　辰　年

六八庚辰年、戊辰年、丙辰年。

ti² ha:m¹ mu² sən¹ van¹ qeŋ¹ ŋo² van¹
第　三　戊　申　日　庚　午　日

第三元戊申日、庚午日。

ti² ɕət⁷ ɕən¹ mi² van¹ tət⁷
第　七　辛　未　日　吉

第七元辛未日吉。

ljok⁸ pa:t⁷ qeŋ¹ ṭa:p⁷ ȵum² ji² sən¹ ᵐbe¹
六　　八　　庚　　甲　　壬　　寅　　申　　年

六八庚寅年、庚申年、甲寅年、甲申年、壬寅年、壬申年。

ti² ha:m¹ ɕən¹ ju⁴ ti¹ ŋo⁴ ɕən¹ mi² van¹
第　　三　　辛　　酉　　第　　五　　辛　　未　　日

第三元辛酉日，第五元辛未日。

ti² ljok⁸ ṭui⁵ ju⁴ van¹ ṭət⁷
第　　六　　癸　　酉　　日　　吉

第六元癸酉日吉。

ljok⁸ pa:t⁷ tjeŋ¹ ɕən¹ ʁa:i³ hi⁴ ᵐbe¹
六　　八　　丁　　辛　　亥　　巳　　年

六八丁亥年、丁巳年、辛亥年、辛巳年。

ti² ŋo⁴ tjeŋ¹ su³ van¹
第　五　丁　丑　日

第五元丁丑日。

ti² ljok⁸ ɕən¹ su³ ɕən¹ ʁa:i³
第　六　辛　丑　辛　亥

第六元辛丑日、辛亥日。

ʁa:p⁷ ŋo² pjeŋ³ ŋo² van¹ tət⁷
甲　午　丙　午　日　吉

甲午日、丙午日吉。

篇章意译

  六八戊子年、甲午年，第七元乙未日、癸卯日、乙卯日、癸酉日、乙酉日值辅星，吉。第六元壬辰日，第五元乙丑日值辅星，吉。

  六八己丑年、己未年、辛丑年、辛未年，第七元己巳日，第六元辛丑日、丙辰日，第三元乙酉日吉。

  六八庚辰年、戊辰年、丙辰年，第三元戊申日、庚午日，第七元辛未日吉。

六八庚寅年、庚申年、甲寅年、甲申年、壬寅年、壬申年，第三元辛酉日，第五元辛未日，第六元癸酉日吉。

六八丁亥年、丁巳年、辛亥年、辛巳年，第五元丁丑日，第六元辛丑日、辛亥日、甲午日、丙午日吉。

注释

[1]富癸和六八，水语音译，吉祥、吉利之意。

十天干年吉日

ȶa:p⁷　ᵐbe¹　ȶa:p⁷　ŋo²　van¹　ȶət⁷
甲　　年　　甲　　午　　日　　吉

甲年甲午日吉。

pjeŋ³　ᵐbe¹　pjeŋ³　sən²　van¹　ȶət⁷
丙　　年　　丙　　辰　　日　　吉

丙年丙辰日吉。

ʔjət⁷　ᵐbe¹　ʔjət⁷　su³　van¹　ȶət⁷
乙　　年　　乙　　丑　　日　　吉

乙年乙丑日吉。

tjeŋ¹ ᵐbe¹ tjeŋ¹ hi⁴ van¹ tət⁷
丁　　年　　丁　　巳　　日　　吉

丁年丁巳日吉。

qeŋ¹ ᵐbe¹ qeŋ¹ ji² van¹ tət⁷
庚　　年　　庚　　寅　　日　　吉

庚年庚寅日吉。

çən¹ ᵐbe¹ çən¹ su³ van¹ tət⁷
辛　　年　　辛　　丑　　日　　吉

辛年辛丑日吉。

ȵum² ᵐbe¹ ȵum² sən² van¹ tət⁷
壬　　年　　壬　　辰　　日　　吉

壬年壬辰日吉。

ȵum² ᵐbe¹ hi³ van¹ tət⁷
壬　年　子　日　吉

壬年子日吉。

mu² ᵐbe¹ ʔjət⁷ mi² van¹ tət⁷
戊　年　乙　未　日　吉

戊年乙未日吉。

ȵi¹ ᵐbe¹ mu² sən² van¹ tət⁷
己　年　戊　辰　日　吉

己年戊辰日吉。

篇章意译

  甲年甲午日吉。

  丙年丙辰日吉。

  乙年乙丑日吉。

  丁年丁巳日吉。

  庚年庚寅日吉。

  辛年辛丑日吉。

  壬年壬辰日吉。

壬年子日吉。

戊年乙未日吉。

己年戊辰日吉。

富 癸

sən¹　hi³　sən²　ᵐbe¹　hi⁵　ŋo²　si²　ʑui⁵
申　　子　　辰　　年　　巳　　午　　时　　癸[1]

申年、子年、辰年巳时、午时吉。

hi⁴　ju⁴　su³　ᵐbe¹　hət⁷　ʁa:i³　si²　ʑui⁵　kwa:n³ʔjən⁵　ti²　ʈət⁷
巳　　酉　　丑　　年　　戌　　亥　　时　　癸　　官　印　　第　吉

巳年、酉年、丑年戌时、亥时为官印、第吉。

ji²　ŋo²　hət⁷　ᵐbe¹　ji²　ma:u⁴　si²　ʑui⁵
寅　　午　　戌　　年　　寅　　卯　　时　　癸

寅年、午年、戌年寅时、卯时吉。

ʁa:i³　ma:u⁴　mi²　ᵐbe¹　sən²　hət⁷　si²　ʈui⁵　kwa:n³ʔjən⁵　ti²　ʈət⁷
亥　　卯　　未　　年　　辰　　戌　　时　　癸　　官　印　　第　吉

亥年、卯年、未年辰时、戌时为官印、第吉。

篇章意译

　　申年、子年、辰年巳时、午时吉。

　　巳年、酉年、丑年戌时、亥时为官印、第吉。

　　寅年、午年、戌年寅时、卯时吉。

　　亥年、卯年、未年辰时、戌时为官印、第吉。

注释

　　[1] "癸"为水语音译，吉利之意。下同。

三合年纪元日

sən¹　hi³　sən²　ᵐbe¹　ti²　hi⁵　ȵum²　hi³　van¹　tət⁷
申　　子　　辰　　年　　第　　四　　壬　　子　　日　　吉

申年、子年、辰年第四元壬子日吉。

hi⁴　ju⁴　su³　ᵐbe¹　ti²　ljok⁸　ɕən¹　hi⁴　van¹　tət⁷
巳　　酉　　丑　　年　　第　　六　　辛　　巳　　日　　吉

巳年、酉年、丑年第六元辛巳日吉。

ji²　ŋo²　hət⁷　ᵐbe¹　ti²　ŋo⁴　qen¹　ŋo²　van¹　tət⁷
寅　　午　　戌　　年　　第　　五　　庚　　午　　日　　吉

寅年、午年、戌年第五元庚午日吉。

ʁa:i³	ma:u⁴	mi²	ᵐbe¹	ti²	ɕət⁷	ɕən¹	ʁa:i³	van¹	tət⁷
亥	卯	未	年	第	七		辛	亥	日	吉

亥年、卯年、未年第七元辛亥日吉。

篇章意译

  申年、子年、辰年第四元壬子日吉。

  巳年、酉年、丑年第六元辛巳日吉。

  寅年、午年、戌年第五元庚午日吉。

  亥年、卯年、未年第七元辛亥日吉。

十二地支年

hi³ ŋo² van¹ fa:ŋ¹ si² pu²
子   巳   日   方   时   辅

子年巳日、巳方、巳时值辅星。

mi² fa:ŋ¹ si² pu² ju⁴ fa:ŋ¹ si² pu² tət⁷ pu² tət⁷
未   方   时   辅   酉   方   时   辅   吉   辅   吉

未日、未方、未时值辅星，酉日、酉方、酉时值辅星，吉。

su³ ŋo² fa:ŋ¹ si² pu²
丑   午   方   时   辅

丑年午日、午方、午时值辅星。

sən¹ fa:ŋ¹ si² pu² hət⁷ fa:ŋ¹ si² pu² tət⁷
申　方　时　辅　戌　方　时　辅　吉

申日、申方、申时值辅星，戌日、戌方、戌时值辅星，吉。

ji² ᵐbe¹ mi² van¹ fa:ŋ¹ si² pu²
寅　年　未　日　方　时　辅

寅年未日、未方、未时值辅星。

ju⁴ van¹ fa:ŋ¹ si² pu² ʁa:i³ van¹ fa:ŋ¹ si² tət⁷ pu² tət⁷
酉　日　方　时　辅　亥　日　方　时　吉　辅　吉

酉日、酉方、酉时值辅星，亥日、亥方、亥时值辅星，吉。

ma:u⁴ ᵐbe¹ sən¹ van¹ fa:ŋ¹ si² pu²
卯　年　申　日　方　时　辅

卯年申日、申方、申时值辅星。

hət⁷ van¹ fa:ŋ¹ si² pu² hi³ van¹ fa:ŋ¹ si² pu² tət⁷
戌　日　方　时　辅　子　日　方　时　辅　吉

戌日、戌方、戌时值辅星，子日、子方、子时值辅星，吉。

sən² ᵐbe¹ ju⁴ van¹ fa:ŋ¹ si² pu²
辰　年　酉　日　方　时　辅

辰年酉日、酉方、酉时值辅星。

ʁa:i³ van¹ fa:ŋ¹ si² pu² su³ van¹ fa:ŋ¹ si² pu² tət⁷
亥　日　方　时　辅　丑　日　方　时　辅　吉

亥日、亥方、亥时值辅星，丑日、丑方、丑时值辅星，吉。

hi⁴ ᵐbe¹ hət⁷ van¹ fa:ŋ¹ si² pu²
巳　年　戌　日　方　时　辅

巳年戌日、戌方、戌时值辅星。

hi³ van¹ fa:ŋ¹ si² pu² ji² van¹ fa:ŋ¹ si² pu² tət⁷
子　日　方　时　辅　寅　日　方　时　辅　吉

子日、子方、子时值辅星，寅日、寅方、寅时值辅星，吉。

ŋo² ᵐbe¹ ʁa:i³ van¹ fa:ŋ¹ si² pu²
午　年　亥　日　方　时　辅

午年亥日、亥方、亥时值辅星。

su³ van¹ fa:ŋ¹ si² pu² ma:u⁴ van¹ fa:ŋ¹ si² pu² tət⁷
丑　日　方　时　辅　卯　日　方　时　辅　吉

丑日、丑方、丑时值辅星，卯日、卯方、卯时值辅星，吉。

mi² ᵐbe¹ hi³ van¹ fa:ŋ¹ si² pu²
未　年　子　日　方　时　辅

未年子日、子方、子时值辅星。

403

水书 引腊备要卷

ji² van¹ fa:ŋ¹ si² pu² sən² van¹ fa:ŋ¹ si² pu² tət⁷
寅　日　方　时　辅　辰　日　方　时　辅　吉

寅日、寅方、寅时值辅星，辰日、辰方、辰时值辅星，吉。

sən¹ ᵐbe¹ su³ van¹ fa:ŋ¹ si² pu²
申　年　丑　日　方　时　辅

申年丑日、丑方、丑时值辅星。

ma:u⁴ van¹ fa:ŋ¹ si² pu² hi⁴ van¹ fa:ŋ¹ si² pu² tət⁷
卯　日　方　时　辅　巳　日　方　时　辅　吉

卯日、卯方、卯时值辅星，巳日、巳方、巳时值辅星，吉。

ju⁴ ᵐbe¹ ji² van¹ fa:ŋ¹ si² pu²
酉　年　寅　日　方　时　辅

酉年寅日、寅方、寅时值辅星。

404

sən² van¹ fa:ŋ¹ si² pu² ŋo² van¹ fa:ŋ¹ si² pu² tət⁷
辰　日　方　时　辅　午　日　方　时　辅　吉

辰日、辰方、辰时值辅星，午日、午方、午时值辅星，吉。

hət⁷ ᵐbe¹ ma:u⁴ van¹ fa:ŋ¹ si² pu²
戌　年　卯　日　方　时　辅

戌年卯日、卯方、卯时值辅星。

hi⁴ van¹ fa:ŋ¹ si² pu² mi² van¹ fa:ŋ¹ si² pu² tət⁷
巳　日　方　时　辅　未　日　方　时　辅　吉

巳日、巳方、巳时值辅星，未日、未方、未时值辅星，吉。

ʁa:i³ ᵐbe¹ sən² van¹ fa:ŋ¹ si² pu²
亥　年　辰　日　方　时　辅

亥年辰日、辰方、辰时值辅星。

ŋo²	van¹	fa:ŋ¹	si²	pu²	sən¹	van¹	fa:ŋ¹	si²	tət⁷
午	日	方	时	辅	申	日	方	时	吉

午日、午方、午时值辅星，申日、申方、申时吉。

篇章意译

  子年巳日、巳方、巳时值辅星，未日、未方、未时值辅星，酉日、酉方、酉时值辅星，吉。

  丑年午日、午方、午时值辅星，申日、申方、申时值辅星，戌日、戌方、戌时值辅星，吉。

  寅年未日、未方、未时值辅星，酉日、酉方、酉时值辅星，亥日、亥方、亥时值辅星，吉。

  卯年申日、申方、申时值辅星，戌日、戌方、戌时值辅星，子日、子方、子时值辅星，吉。

  辰年酉日、酉方、酉时值辅星，亥日、亥方、亥时值辅星，丑日、丑方、丑时值辅星，吉。

  巳年戌日、戌方、戌时值辅星，子日、子方、子时值辅星，寅日、寅方、寅时值辅星，吉。

  午年亥日、亥方、亥时值辅星，丑日、丑方、丑时值辅星，卯日、卯方、卯时值辅星，吉。

  未年子日、子方、子时值辅星，寅日、寅方、寅时值辅星，辰日、辰方、辰时值辅星，吉。

  申年丑日、丑方、丑时值辅星，卯日、卯方、卯时值辅星，巳日、巳方、巳时值辅星，吉。

　　酉年寅日、寅方、寅时值辅星，辰日、辰方、辰时值辅星，午日、午方、午时值辅星，吉。

　　戌年卯日、卯方、卯时值辅星，巳日、巳方、巳时值辅星，未日、未方、未时值辅星，吉。

　　亥年辰日、辰方、辰时值辅星，午日、午方、午时值辅星，申日、申方、申时吉。

定道[1]（一）

hi³ ŋo² ma:u⁴ ju⁴ ᵐbe¹ ʁa:i³ mi² van¹
子　午　卯　酉　年　亥　未　日

子年、午年、卯年、酉年亥日、未日为定道日。

su³ mi² sən² hət⁷ ᵐbe¹ hi⁴ ji² van¹
丑　未　辰　戌　年　巳　寅　日

丑年、未年、辰年、戌年巳日、寅日为定道日。

ji² sən¹ hi⁴ ʁa:i³ ᵐbe¹ ʁa:i³ ma:u⁴ hi⁴ van¹ la:k⁸ʔbje⁵ tjum¹ta:u⁵
寅　申　巳　亥　年　亥　卯　巳　日　女子　定道

寅年、申年、巳年、亥年亥日、卯日、巳日为定道日，女子不宜出嫁。

篇章意译

子年、午年、卯年、酉年亥日、未日为定道日。

丑年、未年、辰年、戌年巳日、寅日为定道日。

寅年、申年、巳年、亥年亥日、卯日、巳日为定道日,女子不宜出嫁。

注释

[1]"定道"为水语音译,意为倒伞。

定道（二）

正 寅 酉 日 二 卯 丑 日

tjeŋ¹　ji²　ju⁴　van¹　ɲi²　ma:u⁴　su³　van¹

正　寅　酉　日　二　卯　丑　日

正月寅日、酉日，二月卯日、丑日为定道日。

三 巳 午 四 亥 午

ha:m¹　hi⁴　ŋo²　hi⁵　ʁa:i³　ŋo²

三　巳　午　四　亥　午

三月巳日、午日，四月亥日、午日为定道日。

五 酉 六 子 未

ŋo⁴　ju⁴　ljok⁸　hi³　mi²

五　酉　六　子　未

五月酉日，六月子日、未日为定道日。

ɕət⁷ sən² hi⁴ van¹ pa:t⁷ sən¹ ma:u⁴

七　辰　巳　日　八　申　卯

七月辰日、巳日，八月申日、卯日为定道日。

ɬu³ sən¹ ŋo² sup⁸ sən² ʁa:i³

九　申　午　十　辰　亥

九月申日、午日，十月辰日、亥日为定道日。

sup⁸ ʔjət⁷ ji² hi⁴ sup⁸ ȵi² ji² mi² van¹

十　一　寅　巳　十　二　寅　未　日

十一月寅日、巳日，十二月寅日、未日为定道日。

篇章意译

正月寅日、酉日，二月卯日、丑日为定道日。
三月巳日、午日，四月亥日、午日为定道日。
五月酉日，六月子日、未日为定道日。
七月辰日、巳日，八月申日、卯日为定道日。
九月申日、午日，十月辰日、亥日为定道日。
十一月寅日、巳日，十二月寅日、未日为定道日。

定道（三）

hi³　ŋo²　ma:u⁴　ju⁴　ᵐbe¹
子　　午　　卯　　酉　　年

子年、午年、卯年、酉年。

ȵum²　ji²　van¹　ȵum²　sən¹　van¹　ʁa:i³　mi²　si²
壬　　寅　　日　　壬　　申　　日　　亥　　未　　时

壬寅日、壬申日亥时、未时为定道时。

su³　mi²　sən²　hət⁷　ᵐbe¹　ʔjət⁷　ma:u⁴　van¹　ȶi¹　ma:u⁴　van¹　su³　si²
丑　　未　　辰　　戌　　年　　乙　　卯　　日　　己　　卯　　日　　丑　　时

丑年、未年、辰年、戌年乙卯日、己卯日丑时为定道时。

ji² sən¹ hi⁴ ʁa:i³ ᵐbe¹

寅　申　巳　亥　年

寅年、申年、巳年、亥年。

ȵum² ŋo² van¹ ɕən¹ ju⁴ van¹ ŋo²

壬　午　日　辛　酉　日　午

壬午日、辛酉日午时为定道时。

篇章意译

　　子年、午年、卯年、酉年，壬寅日、壬申日亥时、未时为定道时。

　　丑年、未年、辰年、戌年，乙卯日、己卯日丑时为定道时。

　　寅年、申年、巳年、亥年，壬午日、辛酉日午时为定道时。

地转[1]（一）

tsjeŋ¹　ɕət⁷　hət⁷　hi⁴　ɲi²　pa:t⁷　sən¹　ma:u⁴　van¹
正　　七　　戌　　巳　　二　　八　　申　　卯　　日

正月、七月戌日、巳日，二月、八月申日、卯日为地转日。

ha:m¹　tu³　su³　ŋo²　van¹　hi⁵　sup⁸　sən²　ʁa:i³　van¹
三　　　九　　丑　　午　　日　　四　　十　　辰　　亥　　日

三月、九月丑日、午日，四月、十月辰日、亥日为地转日。

ŋo⁴　sup⁸　ʔjət⁷　ji²　ju⁴　van¹
五　　十　　一　　寅　　酉　　日

五月、十一月寅日、酉日为地转日。

ljok⁸　sup⁸　n̠i²　hi³　mi²　van¹
六　　十　　二　　子　　未　　日

六月、十二月子日、未日为地转日。

篇章意译

　　正月、七月戌日、巳日，二月、八月申日、卯日为地转日。

　　三月、九月丑日、午日，四月、十月辰日、亥日为地转日。

　　五月、十一月寅日、酉日为地转日，六月、十二月子日、未日为地转日。

注释

　　[1]"地转"水语音译，意为旋转，深层次的意思是盛衰更替。

地转（二）

tsjeŋ¹　hi⁵　ɕət⁷　sup⁸　sjeŋ²　ti²　ʔjət⁷　su¹nət⁸su²
正　　四　七　十　　上　　第　一　　虚日鼠

正月、四月、七月、十月，第一元为虚日鼠宿。

ti²　hi⁵　ta:p⁷　hi³　van¹　tui³tum¹ja:ŋ²　tum¹　tət⁷
第　四　甲　子　日　　鬼金羊　　　金　　吉

第四元甲子日为鬼金羊宿，五行属金，吉。

篇章意译

　　正月、四月、七月、十月，第一元为虚日鼠宿；第四元甲子日为鬼金羊宿，五行属金，吉。